더 이상

무리하지

않겠습니다

일과 인간관계에 치이지 않는 직장생활 탐색기

길진세 지음

더 이상 무리하지 않겠습니다

니들북

작년 가을, 출판사에서 연락을 받았습니다. 브런치 내용이 괜찮으니 책으로 내보자는 제안이었습니다. 저는 감탄했습니다. '와, 요즘 보이스 피싱은 정말 정교하게 하는구나. 저분들도 저렇게 열심히 일 하시는데 나도 열심히 살아야지.' 돈이야 가진 게 없으니 뺏길 건 없겠고, 신장이나간 상태 물어보면 안 좋다고 말해야겠다 생각하며 편집자님을 만났습니다. 그렇게 이 책은 시작되었습니다.

저는 늘 자기계발서 읽을 시간에 그냥 자기계발을 하는게 좋다고 생각해왔습니다. 좋은 책도 많지만 지나치게 '노-오-력'만 강조하는 책이 더 많은 것 같았거든요. 몇 년전 책 제목을 모은 짤이 유행했죠. 공부하다 죽으라고 하질 않나, 뭐뭐에 미치라고 하질 않나…. 그냥 살아도 힘든세상인데 뭔가 강요당하는 느낌이 싫었습니다. 내가 책을쓴다면 이렇게는 안 해야지 생각했는데, 이제 그 시험대에 오르게 되었네요. 고민하다가 몇 가지 원칙을 정했습니다.

먼저 경험입니다. 제가 실제로 겪은 것에 기반한 이야기만 썼습니다. 제가 해보고 효과가 있었던 것만 제안했습니다. 저 아니어도 자기계발 판타지 쓰는 분은 많으니, 제가 안 해본 걸 쓰긴 싫었습니다. 두 번째는 책의 쓰임새입니다. 한 번 읽고 끝날 책이 아니라 생각이 많아질 때 꺼내볼 수 있는 책이 되길 바랐습니다. '그래, 저 아재도 이런 경험이 있었네. 참고해야지'라는 느낌으로요.

베스트셀러가 되지 않아도 좋습니다(출판사 관계자 분들 죄송합니다). 다만 책을 사신 분들이 이 가격대의 강력한 라이벌인 치킨 1마리보다 많이 얻어 가실 수 있다면 좋겠습니다. 가끔 좋았던 구절을 다시 꺼내 보실 수 있다면 저로서는 더 바랄 게 없겠습니다.

볼거리가 너무 많은 세상입니다. 유튜브와 넷플릭스만 봐도 시간이 잘 가는데 그 와중에 제 책을 집어 드신 여러분께 감사를 표합니다. 무리하지 않고 자신의 삶을 찾는 여러분을 응원합니다.

Contents

4   프롤로그

1장 ·

더 이상 무리하지
않겠습니다

11   세상이 변했으니까요
15   시간은 소중하니까요
20   회사는 수단이니까요
24   '무리하지 않는 선'의 의미

2장 ·

흔들리지 않고 일합니다

마인드 세팅 매뉴얼

34   "저도 말 좀 해도 될까요?"
53   겸손해야 했습니다
59   회사에 좋은 옷을 입고 가지 마세요
65   스펙이란 뭐였을까요?
71   고과, 잘 받으셨나요?
77   시간만 보내도 전문가로 인정받을 수 있다면
83   분식집 사장님은 한때 인사 담당자였습니다
92   승진에 연연하는 당신에게
103   가축은 뇌가 작아진다고 합니다
110   회사 고민으로 고민하지 않는 법

3장 · 불편함 없이 일합니다 | 상황 대처 매뉴얼

124 선배와 후배, 그 간극 사이
134 지시가 이상할 땐 어떻게 하나요?
140 바람직한 퇴사에 대하여
148 동료가 분노조절장애라면
159 라떼가 라떼를 말하는 이유
168 꼰대와 라떼라는 말의 무서움
177 회사생활 하면서 느낀 나만의 그랜절
195 주변 사람의 생각 없는 말에 상처받지 마세요
203 스티브 잡스가 한국에서 태어났다면

4장 · 내가 나로 일합니다 | 웬만큼 일하는 법

214 일을 잘한다는 것의 진짜 의미
225 회의록 아이러니
232 우리 장표 푸르게 푸르게
243 회사에서 말을 잘하는 방법
249 슈퍼 프레젠터가 되는 법
258 세계 평화는 파일 정리로부터
267 업무 메일 잘 사용하고 있나요?
277 재택근무가 가져온 것들

288 에필로그

1장

더 이상 무리하지

않겠습니다

왜냐하면 말이죠 …

세상이
변했으니까요

돈 이야기는 늘 관심이 가죠. 우리 모두의 관심사, 돈과 연봉에 대한 고민으로 이 책을 시작해볼까 합니다.

대학교 시절, 저는 이런저런 아르바이트와 교내 근로장학생으로 생계를 이어갔습니다. 한 달 생활비를 20만 원으로 해결하며 정말 힘들게 살았죠. 그러다가 2005년 하반기, 처음으로 입사한 어느 중견기업의 초봉이 3,400만 원 정도였습니다. 이후 합격한 대기업의 초봉은 3,800만 원 정도였는데, 당시 그 정도면 꽤 괜찮은 수준이었습니다.

그로부터 16년이 지났습니다. 길다면 길고 짧다면 짧은 시간입니다. 그사이 그때의 풋풋했던 청년(주관적인 시선입니다…)은 중년 아재가 되었고, 스마트폰이 세상을 점령했으며, 애플 주가가 140배 올랐고, 문재인 대통령과 김정은 국무위원장이 판문점에서 만났죠. 세상이 엄청나게 변했습니다. 그런데 신입사원 초봉만큼은 제자리걸음입니다. 잡코리아에서 2021년에 조사한 바에 따르면 대

졸 신입사원의 평균연봉은 대기업 4,121만 원, 중소기업은 2,793만 원이라고 합니다.

아니, 10년이 아니고 무려 16년입니다. 강산이 1번하고도 60%가 바뀌었을 시간인데 제 신입사원 때 연봉이랑 큰 차이가 없다니요. 물론 그사이 심각한 디플레이션으로 인해 물가도 낮아졌을 수 있죠. 그런데 아닙니다. 의식주 관련한 모든 물가기 16년 전보다 비싸졌습니다. 특히 주(住)의 상승률은 그야말로 드라마틱합니다. 벼락부자와 벼락거지를 나누는 중요한 기준이 되었죠.

화폐의 가치도 크게 달라졌습니다. 제가 신입사원 때의 1억 원과 지금의 1억 원은 같은 돈이라는 생각이 안 듭니다. 분명 큰돈입니다만 확실히 다릅니다. 제가 취업 준비할 때는 자기계발서 붐이 한창이었고, 많은 책들의 제목이 '연봉 1억'을 목표로 하고 있었죠. 실제로 2006년에 연봉 1억을 받는 직장인은 전체의 상위 1%에 불과했습니다. 하지만 2017년에는 그 5배인 약 77만 명이 억대 연봉자가 되었죠. 억대 연봉을 받는 사람은 늘고 물가는 올랐는데, 신입사원 연봉만 그대로라는 것입니다.

한마디로 말해 옛날에는 평범해 보였던 삶의 단계들

이 너무 어려워졌습니다. 누리꾼들 사이에 괜히 '헬조선 (Hell+조선)'이란 말이 나오는 게 아닙니다. 이게 누구 탓이냐고 따지고 들자면 따질 대상은 많겠죠. 정부를 탓할 수 있고, 16년이 되도록 신입사원 초봉을 그대로 두는 회사 탓을 할 수도 있겠습니다. 세계적으로 돈을 찍어낸 탓에 인플레이션이 계속 이어지니, 글로벌 경제를 탓할 수도 있겠죠. 하지만 탓하는 건 탓하는 거고, 이렇게 되면 직장인들의 생존전략 역시 바뀌는 게 당연합니다.

저는 신입사원 시절 신현만 저자의 『회사가 붙잡는 사람들의 1% 비밀』이란 책을 읽고 큰 감명을 받았습니다. 다 읽은 책은 손을 잘 안 댔었는데 이 책만큼은 3번을 내리 봤습니다. 직장에서 어떻게 행동해야 인정받으며 성공적인 회사생활을 할 수 있는지 디테일한 코칭이 가득했거든요. 자신의 삶을 회사에 맞추며 성장하라고 책은 주문합니다.

그런데 시간이 흐르고 세상이 변하면서, 이제는 후배에게 똑같은 충고를 하기가 힘들어지더군요. 신입 연봉은 그대로이고, 회사가 정년을 보장하는 것도 아닙니다. 평범한 삶을 영위하는 건 높은 물가와 집값 덕분에 요원해졌죠.

YOLOYou Only Live Once, 소확행, FIREFinancial Independence Retire Early… 결혼은 너무 힘들고 출산은 남의 나라 이야기입니다. 내가 못 키우니 TV를 보며 애기 키우는 걸 구경하는 현실은 이 모든 현상과 연관되어 있습니다. 커뮤니티에서 보았던 댓글이 가슴에 파고듭니다. "본캐가 망했는데 부캐를 어떻게 키우나요?" 세상이 변했다는 것은 이런 의미라고 생각합니다.

시간은 소중하니까요

몇 년 전 일입니다. 회사 안에서 신사업 아이디어 콘테스트가 열렸는데 제가 제출한 아이디어가 우수작으로 뽑혔습니다. 최종 발표 후, 사장님과 수상한 사람들이 점심 식사를 같이 하게 되었죠.

다들 실수할까 봐 바짝 얼어있으니 즐겁고 편안한 분위기는 아니었습니다. (그냥 법카만 주셔도 되는데…) 사장님의 격려는 듣는 둥 마는 둥이고 음식의 맛도 잘 모르겠지만 어찌 되었건 자리는 잘 끝났습니다. 회사에서 그리면 식당이 아니어서 다들 도보로 이동했는데, 마침 사장님 옆에서 같이 걷게 된 저는 평소 궁금했던 걸 용기 내어 물었습니다.

사장님은 어찌 보면 저희 같은 직원 입장에서 볼 때 조직의 정점에 오르신 분인데, 돌이켜볼 때 후회되는 일은 없으시냐고요. 업무적인 성취니 추진했던 사업에서 아쉬웠던 점을 말씀하실 줄 알았는데, 돌아오는 답은 뜻밖이었습니다. 요약하면 이런 내용입니다.

새벽에 나가서 밤늦게 들어오기를 30년 동안 반복했다, 바쁘게 살아왔다, 어느 날 집에 돌아와 보니 아이가 몰라볼 만큼 컸더라, 어색하고 이상했다, 아이는 지금 어른이 되었고 이제는 아빠를 이해하지만 어릴 때는 많이 서운해했다, 아이가 크는 것을 많이 보지 못한 게 아쉽다 등등.

그래서 그때로 돌아가신다면 안 그러실 것 같은지 물으니 그건 또 아니라고 하셨습니다. 어쩔 수가 없었다고 말입니다. 그때는 그럴 수밖에 없었다고요. 아마도 그분이 걸어온 길을 볼 때 저 말이 맞을 겁니다. 일에 올인했으니 최고의 자리(회사원 기준)에 오르실 수 있었던 거겠죠.

제가 판단하는 것은 우습지만, 사장님은 그래도 만족할 만한 삶을 사셨다고 생각합니다. 가정이든 일이든 집중했고, 결과를 만드신 거니까요. 문제는 저와 여러분이죠.

아무리 세상이 변했고 먹고살기 힘든 세상이 되었다고 해도, 회사에 승부를 걸고 최고가 되겠다는 목표를 가졌다면 그에 맞춰 올인하시면 됩니다. 자신이 하고 싶어 하는 분야이고 재능이 있다면 말이죠. 문제는, 절대 다수의 직장인들이 그걸 모른 채 회사생활을 한다는 겁니다. 애초에 찾을 기회조차 갖지 못한 채 살아왔다고 말하는 게 맞겠죠.

제가 받아온 교육 과정은 획일적이고 단순한 목표를 강요했습니다. 대부분이 크게 다르지 않을 겁니다. 가르치는 것을 잘 받아들여서 좋은 대학에 진학하는 게 최종 목표였습니다. 어떤 것을 좋아하고 어떻게 살아야 행복한지 찾는 방법을 배우지 못했습니다. 네, 물론 안 가르쳐줄 수도 있죠. 그런 건 자기가 찾는 거 아니냐고 하며 말이죠. 그런데 그걸 찾을 시간도 없었습니다. 아무리 생각해봐도 이건 핑계가 아니라 팩트입니다.

세상에는 무수히 많은 직업이 있을 것이고 그중 제가

평생 즐겁게 할만한 일이 무언가 있을 터였는데, 어릴 적부터 들은 답은 '좋은 대학 간 뒤에 찾아도 늦지 않다'였습니다. 귀가 얇은 저는 진짜 그런 줄 알았었죠. 어쨌거나 저는 찾긴 찾았습니다만, 그걸 찾을 수 있었던 건 대학 타이틀 덕분이 아니었습니다.

바로 시간 덕분이었습니다, 시간.

찾아볼 수 있는 시간, 사색할 수 있는 시간, 시도해볼 수 있는 시간.

다행히 전 제가 뭘 좋아하는지 취업 전에 알 수 있었습니다. 그런데 회사에 오고 나서 주변을 둘러보니 많은 사람들이 그걸 모르고 살아가고 있더군요. 경제적인 여유가 생겼어도 시간은 여전히 없습니다. 신경 쓸 게 너무 많아져서요. 직장을 다니고 있는 대부분이 그렇지 않나요? 진짜 좋아하는 게 무엇인지 찾고 있나요? 찾았다면 시도하고 있나요?

워라밸이 강조되고 조기은퇴자를 부러워하는 이유도 따지고 보면 시간 때문입니다. 개인이 가지는 시간의 가치를 사람들이 깨닫고 있는 것이죠.

시간의 가치는 여기서만 드러나는 것이 아닙니다. 지난

몇 년간 'O2O'라는 이름으로 엄청나게 많은 '대행' 서비스들이 생겨나고 있죠. 저야 원체 짠돌이이고 그런 서비스를 찾아 쓰는 편은 아니지만, 정말 많은 사람들이 사용하고 있습니다. 배달 대행은 이제 전 국민의 삶 속에 들어왔다고 해도 과언이 아니죠. '철가방'이라는 전통문화를 넘어서서 이제는 청소 대행, 정리 대행, 심부름 대행 등 다양한 대행 서비스들이 넘쳐나고 있습니다. 이유는 하나입니다. 그 돈을 내고서라도 시간을 더 아끼겠다는 겁니다. 대행 서비스는 꼭 MZ 세대가 아니어도 보편적으로 확산되고 있습니다. 다들 비슷한 생각을 하고 있다는 거죠.

급여생활자는 시간을 돈으로 바꾸는 사람들입니다. 이 말을 부정하긴 힘든데요. 노동법을 봐도 회사의 취업 규칙을 봐도, 노동자에게 요구하는 기준은 근로 시간입니다. '성과'를 규정해둔 게 아니라 '시간'을 규정합니다. 잘 생각해보면 엄청난 차이입니다. 반면 자본가는 자신의 돈으로 시간의 자유를 만듭니다. 우리 월급쟁이들과 반대로 하고 있고 그 덕에 우리는 가지지 못한 선순환을 누립니다.

"갑자기 100억 원이 생기면 어떻게 하실 거예요?" 저도 그렇고 길을 가는 소시민 아무나 붙잡고 이렇게 물어

보면 대답이 똑같습니다. "회사 때려 치고 세계일주 떠날 거예요!" 우리가 경제적 자유를 갈구하는 이유 중 하나도 시간 때문입니다. 이제 고민이 생깁니다. 회사생활을 지속하긴 해야 하겠고, 시간도 소중하고, 그러면 어떻게 해야 할까요?

회사는
수단이니까요

제목이 점점 경영자들이 싫어할 말로 바뀌고 있네요. (큰일 입니다. 잘 보여야 많이 팔릴 텐데… ^^;)

저는 회사가 수단이라고 생각하는데요. 먼저 생계 수단입니다. 굳이 더 설명이 필요할까요. 인터넷상의 유명한 그림이 생각나네요. 굶어 죽겠다와 과로로 죽겠다 사이의 무한루프 그림이었는데, 우리 삶이랑 비슷하다 생각했습니다. 결혼, 출산, 주택 구매 다 포기하고 가장 최소한의 의식주만 해결하려 해도 돈이 드는 게 현실이니 우리는 벌어야 합니다.

두 번째로 커리어 관리 수단입니다. 커리어를 '관리'한다는 말은 회사생활을 능동적으로 보느냐, 수동적으로 보느냐의 차이일 겁니다. 보통은 회사가 날 골라주길 바라지 내가 회사를 골랐다는 사람은 잘 없으니까요. 저는 능동적으로 보는 건데요, 회사를 선택함으로써 자신의 커리어를 만들어 나갈 수 있으니 그런 면에서 커리어 관리 수단으로 볼 수 있다는 의미입니다. 싫던 좋던 한 회사를 오래 다닐수록 그 회사의 이미지, 그 회사에서 한 일이 자신의 꼬리표가 되니까요.

회사의 이미지가 좋으면 그 자체로 자신의 가치 상승을 경험할 수 있습니다. 몇 년간 전직 구글러들이 낸 책이 베스트셀러에 많이 오른 바 있습니다. 우리는 그 사람을 잘 모르더라도, 구글에 합격했고 오랫동안 다녔다면 '능력이 있겠구나'라고 추측합니다. 서울대를 나오면 공부를 잘할 거라고 간주하고, 경찰관이면 일단 정의로울 것이라고 생각하는 것과 비슷합니다. 우리 뇌는 그렇게 생각하는 게 편하거든요. 여러분 명함의 회사 로고를 보고, 사람들은 여러분을 그 회사의 이미지와 연결해서 생각하게 됩니다.

하는 일 또한 그렇습니다. 실제로도, 또 어쩔 수 없이 전문성이 쌓이게 되죠. 그래서 자신이 좋아하는 분야 혹은 전문가가 되고 싶은 분야에서 일을 하는 건 정말 중요합니다. 돈보다 중요한 문제인데 많은 직장인들이 이 사실을 잘 모른 채 하루하루를 보냅니다.

좀 무서운 표현이지만, 회사 브랜드와 하는 일은 일종의 낙인과 같은 효과가 있습니다. 우리는 아무 생각 없이 하루하루 보내지만 사회에서 우리를 바라보는 시신은 조금씩 피부에 각인되고 있습니다. 요즘은 기술이 좋아져서 문신도 지울 수 있다지만, 커리어는 지워지지 않습니다. 그러니 정말 잘 관리해야 합니다.

세 번째로, 회사는 대출 수단입니다. 엄밀히 말하면 사회에서 인정받는 척도랄까요. 너무 편협하고 통속적인 시선 아니냐고 하실 텐데 의외로 많은 분들이 인정하는 부분입니다.

집에 넉넉한 재산이 있어도 회사를 다니는 분들을 저는 꽤 보았습니다. 솔직히 잘 이해가 가지 않았습니다. 앞서 말씀드린 것처럼 돈으로 시간을 사는 마당이니, 돈이 많으면 자기 시간을 보내는 게 훨씬 더 좋을 텐데 말이죠.

그분들께 여쭤보니 의외의 답이 나왔습니다. 크게 두

가지였는데요. 하나는 '자식들이 아빠 뭐 하는 사람이냐고 할 때 어디 다닌다고 말하고 싶다'는 것이었고, 다른 하나는 '투자를 위해 레버리지가 필요한데 무직이면 대출이 안 나와서'였습니다. 즉 회사를 통해서 사회에서 공인받는 위치를 얻는다는 것이죠.

창업주가 아닌 한, 결국 회사를 다니는 모두는 종업원으로서 일하는 겁니다. 신입사원부터 임원까지 동일하죠. 회사는 우리에게 급여와 사회적 신분, 커리어를 제공합니다. 우리는 노동력과 시간을 제공합니다. 오랫동안 회사를 다니며 결론 내린 저와 회사의 관계입니다.

냉정히 말해서, 서로 원하는 바가 분명한 계약관계이니 서로가 서로를 이용하는 겁니다. 그러니 '수단'이라는 단어에 놀라셨다면 빨리 마인드를 고치시기 바랍니다. 과거의 종신고용 때에나 고용안정과 애사심이 중요했지, 이제는 서로 이혼(?)하기도 쉬워진 세상입니다.

어쨌거나 이렇게 급격히 변하는 세상 속에서, 직장생활을 어떻게 해야 할지 다시 고민이 생깁니다. 회사와 나 사이에서, 어떻게 중심을 잡아야 할까요? 내 시간이 중요하다고 했으니, 일을 안 하고 태업을 하면 될까요?

'무리하지 않는 선'의 의미

저는 여러분께 이렇게 권하고 싶습니다. 회사생활을 할 때 자신에게 무리되는 선이 어디까지인지 우선적으로 파악한 뒤, 회사와 인생의 밸런스, 즉 워라밸을 최적화하시라고요. 안타깝게도 많은 이들이 회사생활을 오래할수록 워라밸과 점점 더 멀어지는 현상을 보이곤 합니다. 연차가 쌓일수록 오히려 무리하는 일이 늘어난다는 건데요, '무리하지 않는 선'이란 게 무슨 의미인지 좀 더 들여다보겠습니다.

세상이 변했고, 시간이 중요하며, 회사가 수단이 된 현실에 대해 앞에서 짚었습니다. 빠르게 변하는 현실에 대해 직원 입장에서 하는 이야기입니다. 불편한 진실이지만 반론하기도 쉽지 않을 겁니다. 그렇다면 앞으로 어떻게 될까요?

이른바 고용 유연성에 대한 요구가 기업 오너들 사이에서 계속 나오고 있습니다. 신자유주의 같은 어려운 말을 쓰지 않아도, 시대적인 흐름을 볼 때 우리나라 역시 머지않아 미국과 같은 고용 환경으로 변할 것입니다. 채용과 해고가 더 쉬워질 거란 말입니다. 또 코로나 때문이라 곤 하지만 키오스크와 비대면, 무인, 이런 키워드들이 화 두가 되고 있죠. 개발자 몸값이 높아지고 AI가 부각되는 IT업계의 변화도 다 연관되어 있습니다. 기업은 극단적 인 효율을 앞으로도 추구할 겁니다. 이 말은 저부가가치 의 일은 빠르게 사라질 것이며, 능력 있는 사람에게 일자 리가 몰리는 쏠림현상이 훨씬 더 심화될 거란 뜻입니다. 좋아하는 일을 빨리 찾아서 능력을 발휘하지 못하면 벼랑 끝으로 내몰리겠죠.

월급쟁이의 인식도 그래서 변해야 합니다. 회사 안에서 승부를 보는 것, 좋습니다. 자신의 적성에 맞고, 인생을 걸 어볼 만하다면야 당연히 그렇게 해야죠. 회사를 몇 년 다 녀보면 이른바 '각'이 나옵니다. 저 같은 경우는 5년 차쯤 되니 그게 보였습니다. 이 회사에서 임원까지 가려면 어 떻게 해야겠구나, 인간관계나 업무는 어떻게 해야겠구나 등등이요. 부단한 노력이 요구되는 일입니다.

하지만 내 적성에도 맞지 않고 좋아하는 일도 아니라면, 회사 안에서 승부를 보는 것은 권하고 싶지 않습니다. 맞 지 않는 옷을 몸에 입고 노력해봐야 서로 힘이 듭니다. 본인이 행복하기 위한 최선을 빨리 찾는 게 좋습니다.

그러기 위해 필요한 건 시간과 에너지입니다. 밤 12시가 되어 녹초인 상태로 퇴근하는 삶이 반복되면 다른 걸 탐색할 여유가 없어집니다. 직장생활을 하며 가장 바빴던 시절, 9시 출근 23시 퇴근을 1년 가까이 한 적이 있습니다. 몸과 마음이 피폐해지는 건 물론이고, 다른 일을 할래야 할 수가 없었습니다. 주말에도 피곤에 찌들어서 잠만 자고 싶었으니까요. 물론 주말 출근 덕에 잠도 잘 수 없었습니다만.

당시 제가 속한 팀의 팀장과 고참 과장 둘 다 승진하겠다고 애쓰고 있던 터라, 팀 전체가 야근을 밥 먹듯이 하던 와중이었습니다. 아래에 있던 저는 정말로 죽을 것 같았죠. 그래서 조용히 대학원을 준비했고 주말 대학원으로 겨우 숨통을 틀 수 있었습니다. 일 말고 다른 것을 생각할 수 있는 너무 소중한 시간이었죠. 남들은 대학원 때문에 더 바쁘게 산다지만 저는 대학원이라는 명분이 숨 쉴 틈이 되어준 건데요, 에너지와 시간의 중요성을 뼈저리게 느꼈습니다. 그때부터 고민에 빠졌습니다.

에너지와 시간을 모으기 위해서 가장 쉬운 방법은 회사

에서 일을 뭉개고 안 하는 겁니다. 예전에는 평판과 평가에 계속 데미지를 받더라도 어쩔 수 없다고 생각했습니다. 그런데 이른바 짬이 더 차고 나니 그 생각도 잘못된 것이었음을 알았습니다.

이 길이 아니라 다른 길을 찾는 건 좋지만, 모두가 성공하진 못합니다. 그때 내 생활을 지탱할 수단이 필요합니다. 이직이든 창업이든 자신이 하고자 하는 방향을 찾으면 좋은데, 그때까지는 티를 내지 않고 버티는 게 나았습니다. 여차하면 지금 직장과 지금 하는 일이 내 생명줄이 되어줄 테니까요. 절벽에서 뛰어내릴 상황이 됐을 때 안전띠가 많을수록 좋은 것과 같습니다. 무엇을 하더라도 현직장에서 만든 자신의 평판은 계속해서 따라옵니다. 우리나라는 생각보다 좁고 한 다리 건너면 다 아니까요. 현재 직장에서 잘하는 것은 곧 로프를 많이 걸어두는 행위입니다. 그래서 제가 내린 결론은, 이렇습니다.

1. 자신이 원하는 방향이라면, 지금 일에 올인하는 삶도 의미있는 선택입니다.
2. 만약 그게 아니라면, 내가 어떤 삶을 살지 그려보

고, 창업이든 이직이든 투잡(Two-Job)이든 투자든, 무엇이든 하기 위한 시간과 에너지를 확보한 뒤 움직여야 합니다.

3. 현재 다니는 회사는 이를 위한 안전띠가 되어줍니다. 그러니 무리하지 않는 선에서 '일잘러'로 인정받는 것이 자신에게 유리합니다. 평판 관리를 하지 않으면 나중에 언제 어디서 부메랑이 되어 돌아올지 모릅니다.

물론 무리되지 않는 선에서 '일잘러'가 된다는 게 어떤 것인지 한마디로 정의하기는 쉽지 않습니다. 단순히 업무뿐만이 아니라, 대인관계나 업무 마인드 등 의외로 챙겨야 할 것들이 많으니까요. 그래서 저는 이 책에서 '무리하지 않는 선'의 '기준'을 하나씩 정리하려 합니다. 직장인으로서 지키면 좋을 최소한의 기준을 제시함과 동시에 일잘러로 인정받는 방법도 함께 다룰 예정입니다.

일잘러가 되는 것은 중요한데요. 먼저 지금 있는 회사에서 자신의 평판 관리를 위해 중요합니다. 평판과 커리어를 적립하는 일종의 저축인 거죠. 두 번째로, 자신이 진짜로 하고 싶은 일을 찾아서 하게 될 때 그 또한 '일'입니다. 좋아하냐 아니냐, 하고 싶은 일이냐 아니냐의 차이는 있지만 결국 본질은 일입니다. 즉, 영역이 다르더라도 일에 대한 이해와 노하우는 남는다는 것이죠. 그만큼 일잘러가 되는 것은 미래의 나에게 큰 도움이 됩니다.

통계청에 따르면 2020년 기준 대한민국에는 1,730만 개의 법인이 있고 1,959만 개의 일자리가 있다고 합니다. 이 수많은 조직과 개인이 처한 상황이 다 다릅니다. 세상 그 어떤 자기계발서도 개개인에게 명확한 답을 주지 못하는 이유가 실은 여기에 있죠. 경우의 수가 너무 많은 겁니다. 그 까닭에 정답은 스스로 찾아 나가야 하겠지만, 그 과정에서 이 책이 조금이나마 도움이 되기를 바랍니다.

어떻게 중심을 잡아야 할까요?

그렇다면 회사와 나 사이에서,

2장

흔들리지 않고 일합니다

·

마인드 세팅 매뉴얼

"저도
말 좀

해도
될까요?"

앞서 좋아하는 일을 찾기 위해 시간과 에너지를 아껴두라고 말한 바 있는데요, 거기엔 큰 이유가 있습니다. 제가 바로 좋아하는 일을 빨리 찾아서 하게 된 케이스라 그 중요성을 뼈저리게 느꼈거든요.

저는 16년 전에 지방 국립대를 나왔습니다. 어학연수는커녕 학비와 생활비를 벌며 학교 다니기에 급급했죠. 다행히 매 학기 전액 장학금을 받고 다녀서 생활비만 벌면 됐지만, 힘든 시절이었습니다. 대학생 때를 돌이켜보면 가장 아쉬운 건 동아리 후배들 술 한 번 못 사준 일입니다. 추리닝에 낡은 자전거, 족구 정도가 대학 생활 추억의 전부네요. 암울했습니다만 취업을 하면 삶이 좀 나아질 거라 생각하며 살았더랬죠.

호기롭게도 취준생 주제에 저는 회사에 대한 기준이 명확했습니다. 꽤나 시간이 흐른 지금 생각해봐도 우스운데요. 이렇게 된 데는 제 얼리어답터 기질이 컸습니다. 지금이야 스마트폰이 당연하지만 예전 PDA폰 시절에는 뚱뚱하고 큰 폰을 들고 다니면 이상하게 보곤 했습니다. 효리폰, 권상우폰, 문근영폰 등등이 유행하던 시절이었죠. 장학금 받았다고 기특하다며 친척이 주신 100만 원으로 LG의 PDA폰 SC8000을 사서 너무 재밌게 쓰고 있던 터라, 저는 이와 관련된 일을 하고 싶었습니다. 그래서 기준을 정했죠.

1. PDA폰을 만드는 회사나 통신사

2. ERP 관련 회사(회계+전산)

3. 1번과 2번이 안 되면 회계 쪽 일을 할 수 있는 회

사(취업 후 회계사 공부를 자연스럽게 할 수 있는 회사)

　이렇게 마음먹고 있었습니다. 지금도 그런 것 같은데, 대부분의 하반기 공채를 준비하는 취준생들은 8월 말까지 토익점수를 만들어두고 9월부터 공채 일정에 따라 자소서 기계가 됩니다. 저도 위 1, 2, 3번의 회사를 위해 자소서를 몇 군데 썼고 운 좋게도 9월 초에 바로 어느 중견기업에 합격했습니다. 현대자동차의 1차 벤더였던 그곳은 자동차 부품을 만드는 회사였는데, 적어도 현대차가 망하기 전에는 끄덕 없을 정도로 탄탄해 보였습니다.

　정원이 3명인 회계팀에 입사했습니다. 결정적으로 마음에 든 점은 매월 업무가 딱딱 정해진 루틴대로 움직인다는 것이었습니다. 남는 시간을 활용해서 독하게 공부하면 회계사 시험도 패스할 수 있을 것 같았죠. 2005년경 3,500만 원을 초봉으로 주었으니 중견기업치고 조건도 나쁘지 않았습니다. 아침 일찍 공장으로 출근해서 공짜로 주는 밥 세 끼 다 먹으며 하루 종일 일과 공부만 하다가 자취방에 와서 자면 되었죠. 식사가 잘 나오는 점도 좋았고요.

그냥 눌러앉아도 되었겠지만, 3번 조건을 확보했으니 1번과 2번을 노려보기로 했습니다. 9월 초에 취업이 되어버린 통에 마음이 많이 느슨해졌지만, 기왕이면 하고 싶었던 일에 욕심을 내보기로 한 거죠.

급히 내려오느라 자취방에는 옷가지 몇 개와 집에서 가져간 중고 노트북이 전부였습니다. 퇴근 후 캔맥주를 사들고 와서 대형 통신사 K사의 원서를 쓰기 시작했습니다. 인터넷도 되지 않는 환경이라 2G PDA폰으로 테더링을 해서 인터넷을 했었죠.

그때 K사의 공채는 두 가지 방식 중 한 가지를 택하는 것이었습니다. 일반전형과 지역전형인데요. 일반전형은 바로 서울과 본사에서 일할 수 있었고 지역전형은 지역에서 몇 년을 근무해야 했습니다. 대신 지역에서 대학을 나온 사람을 우대해 주었습니다. 그날 캔맥주를 홀짝거리며 원서를 쓴 탓에 저는 이걸 못 보고 원서를 일반전형으로 써버립니다. 지역전형으로 했다면 저처럼 지거국(지방거점 국립대) 출신은 훨씬 쉬웠을지도 모르는데, 여기서 꽤 큰 삶의 분기점이 생겼습니다.

해외 어학연수는커녕 심지어 비행기를 타본 적도 없고

봉사활동이나 공모전도 해보지 못한 채 먹고살기 바빴던 저는 지원서에 쓸 콘텐츠가 많지 않았습니다. 그래서 그냥 학생 때 돈 벌었던 이야기를 적었습니다. 알바 이야기가 대부분이었는데 뭔가 구구절절했던 기억이 납니다.

그렇게 입사지원서를 업로드하고 나서 까맣게 잊어버리고 회사 OJT On The Job Trainning(직무교육)에 한창이던 어느 날, 서류합격 문자를 받았습니다.

이 회사는 무슨 생각으로 날 통과시킨 건가… 사람 구하기가 그렇게 힘들었던 것인가…. 희한하다 여기며 면접을 준비하려 했습니다만, 지방인 데다 낮에는 회사에서 일을 하다 보니 논술이며 면접 준비를 할 수가 없더군요. 다음 카페 취업뽀개기 등에서 합격한 사람들끼리 모여 스터디하느라 바쁜 것을 보니 속만 타들어갔습니다.

시간은 순식간에 흘러 면접 날이 찾아왔습니다. 회사에는 졸업논문을 내러 학교에 가야 한다고 휴가를 내고 길을 떠났죠. K사 본사는 웅장하기 그지없었습니다. 산속 공장에 있다가 나와서 보니 이건 뭐 시골 쥐가 따로 없더군요. 면접장까지 찾아가면서 감탄사를 연발했습니다. K사를 다니는 사람들이 위대해 보이고, 얼마나 대단한 사람들이 이런 데서 일을 하나 궁금했습니다. 얼굴에 나 시골 쥐요, 라고 써 붙인 채로 면접장인 강당에 들어갔습니다.

매트릭스의 스미스 요원들도 아니고, 똑같이 옷을 입은 남녀 수백 명이 강당을 채운 모습은 장관이었습니다. 남녀 구분 없이 짙은 색 상하의 정장, 밝은색 와이셔츠. CTRL C와 V를 연타하고 싶은 그런 느낌. 사람이 많아 놀라는 제게 면접 진행하는 분이 넌지시 말해줍니다. "이건 오전 팀이고, 오후에 또 있고, 내일도 있어요~."

대충 경쟁률을 계산해보니 당장 떨어져도 크게 부끄럽지 않은 숫자여서 오히려 마음이 편해지더군요. 여기까지 온 게 어디냐 싶은데 면접비도 5만 원이나 주고 점심도 준다고 하니 감사하기까지 합니다. 거기다 대기실의 커피는 모두 스타벅스입니다. 안 되더라도 하루 잘 구경하다 가자, 라는 생각으로 긴장을 풀기 시작했습니다.

시작은 시험지를 나눠주고 출제된 주제에 대해 한 시간 동안 논술고사를 치르는 것이었습니다. 그 주제는 바로, '외모지상주의는 계속될 것인가'였는데요, 16년 전 일을 아직도 생생히 기억하는 이유는 이 주제가 이후의 조별 토론에서 그대로 쓰였기 때문입니다. 물론 논술고사 때는 이 주제로 토론도 한다는 사실을 모른 채, 저는 외모지상주의가 앞으로도 영원히 계속될 것이라는 주장을 열심히 적었습니다.

이어진 조별 토론에서는 3:3으로 나눠 외모지상주의 긍정파와 부정파로 토론을 했습니다. 저는 진행자 역할도 자원해서 맡았습니다. 진행자는 잘하면 돋보이지만 매끄럽지 못하면 점수를 더 잃기 십상입니다. 거기에 진행에 신경 쓰다 보면 자신의 주장을 제대로 펼치기도 힘듭니다.

그럼에도 진행자를 자원한 것은 순간적으로 '이 주제는 긍정도, 부정도 모두 가능한 정답이 없는 주제'라고 판단했기 때문입니다. 외모가 경쟁력이 되는 것은 엄연한 현실입니다. 외모 때문에 사회적 비용이 소요되고 사람들이 본질을 보지 못하는 것도 사실입니다. 어떤 주장을 해도 결론이 명확히 나긴 어렵기 때문에 결정적인 한 방을 내밀 수 없다면 매끄러운 진행이 점수를 얻을 수 있을 거라 생각했습니다. 예상대로 논쟁은 각자의 주장을 펼치는 것 외에 결론 없이 끝났습니다.

이걸로 끝이었으면 좋았겠지만 하이라이트가 있었으니 바로 3:1 압박면접입니다. 요즘은 덜한 것 같지만 제가 취업을 준비할 때는 압박면접이라는 것이 유행이었습니다. 공격적인 분위기와 무례하다 싶은 질문들로 면접자의 멘털을 흔드는 것이죠. 그런 상황에서 대처를 보겠다는 것인데 취지는 이해하나 한 번도 해본 적이 없어서 긴장이 좀 되었습니다.

논술과 조별 면접이 나쁘지 않았기 때문에 '혹시 나도?'라는 희망을 품고 면접실로 들어갔습니다. 표정에 '엄근진'을 장착한 최소 부장은 되어 보이는 어르신들이 험상궂은 표정으로 저를 반겼습니다. 이 아저씨들과 50분을 대화하라니, 면접비 5만 원은 너무 적은 것이었습니다…! 서류를 굳은 표정으로 보시던 면접관들은 더 굳은 표정으로 저를 보며 바로 공격을 시작했습니다.

- 이력서를 보니 그냥 학교만 열심히 다닌 것 아니냐?
- 상경 계열이면 금융 자격증도 많이들 따던데 뭐 했나?
- (겨우) 이 점수 나온 토익 외에 다른 외국어 자격은 없나?
- 우리가 왜 당신을 뽑아야 하나? 객관적으로 우수

한 인재가 많이 왔다. 설명해보라.

- 지방에서 학교 나오면 훨씬 더 특출난 무언가가 있어야 하지 않겠나?
- 아르바이트할 시간에 기초적인 스펙을 더 쌓았어야 할 것 같은데?
- 학점 때문에 서류가 통과된 것 같은데 학점은 기본 아니냐?

쏟아지는 공격에 대해 최선을 다해 방어해 보았습니다만, 타노스에게 두들겨 맞는 아이언맨마냥 제 멘털 갑옷이 하나둘씩 떨어져 나가고 있었습니다. 그래도 최선을 다해 답변했습니다. 전액 장학금 받고 생활비 버느라 힘들었지만 19세 이후로 부모님께 돈을 받은 게 없다, 문과임에도 IT를 좋아해서 대학의 대규모 전산실을 관리하고 홈페이지 제작사업도 했다 등등. 그러나 타노스는, 아니 면접관들은 강했습니다.

그런데 아이러니하게도 제게 결정타를 날린 것은 말이 아니라 바로 '침묵'이었습니다. 50분의 면접 시간 중 25분가량이 지나자 면접관들이 더 이상 질문을 하지 않는

것이었습니다. 표정에서 읽을 수 있었습니다. '나는 너에게 더 궁금한 것이 없다.'

그 순간 제 마음속의 무언가가 끊어졌습니다. 저는 활짝 웃으면서 면접관들을 바라보며 말했습니다.

"저를 안 뽑아 주셔도 됩니다."

"…?"

"대신 저도 제가 하고 싶은 말을 좀 하고 가도 될까요?"

몇 초간 정적이 흘렀습니다. 면접관 세 분은 황당하다는 듯 서로 마주 보더니 하고 싶은 말이 있으면 해보라고 했습니다.

저는 담담히 말했습니다. 오늘이 지나면 살면서 이처럼 높은 K사 고위직 분들을 만날 일이 또 있을지 모르겠다, K사 서비스를 좋아하고 많이 사용하지만 이 회사는 이런 식으로는 영원히 2등일 것이다, 절 뽑지 않아도 좋으니 지금 제가 드리는 말을 고민해보시고 유관부서에 전달해서 개선해주면 좋겠다, 나중에 바뀐 걸 보며 멀리서나마 뿌듯하게 여기겠다 등등.

남은 25분 동안 저는 K사의 유선 인터넷 모뎀 장비의 문제점을 시작으로, 유선과 무선의 과금 체계와 납부 방

법의 문제점, 동일 회사의 상품임에도 Single Sign On이 안 되던 이슈, 무선인터넷 데이터 무제한 요금제를 편법으로 이용하는 방법, 월드패스카드라는 선불상품권을 악용하는 방법, 한창 시작하고 있던 스마트 디바이스 라인업의 문제점에 대해서 짚었습니다.

특히 K사가 경쟁사에 비해 앞서있던 WIFI 서비스 '네스팟Nespot'에 대해서는 강한 질책을 했습니다. 기기 인증 방식이나 전화국의 고객 상담 방식, MAC 변형을 통한 우회 루트의 남용 등등 당장 고쳐야 할 문제가 많은데 손을 놓고 있는 점을 짚었습니다. 단말과 번들링 방식에 대해서도 비판했습니다. 실제 유저들이 원하는 것이 무엇이니 어떻게 개선해나가면 좋을 것인지에 대해서도 충고했습니다.

아쉬운 게 있으면 주눅이 들고 눈치를 보게 되는 게 사람입니다. 그러나 '이 면접은 절대 못 붙는다'라는 판단이 선 취준생이라면 상황이 다릅니다. 그냥 고객이니까요. (그리고 이판사판이죠.)

제가 생각하는 문제점을 진심을 담아 짚다 보니 점점 격렬해졌고, 중간중간 의견을 주던 면접관들의 얼굴은 점차 붉어졌습니다. 실은 그런 게 아니라며 반박을 하시길래 숫자를 들이대며 다투기도 했습니다. 저는 K사의 B2C 서비스 전반에 대해서라면 어떤 논쟁도 자신이 있었습니다. 다 제가 좋아서 써보고 연구한 것들이었으니까요.

앞서 말씀드린 것처럼 저는 가난한 고학생인데 얼리어답터였습니다. 학교 식당 2천 원짜리로 세 끼를 해결하던 놈이 100만 원짜리 PDA를 샀습니다. 기짓말 안 보태고, 개인적인 체감 가치는 1억 원짜리 외제 차를 사는 것과 비슷했습니다. 그만큼 큰 지출이었습니다.

여러분도 1억짜리 외제차를 구입한다면 정말 열심히 알아보지 않을까요? 당시 PDA폰이 너무 사고 싶었던 저는 해외 포럼부터 국내 모든 커뮤니티를 외우다시피 드나들며 공부했습니다. 이게 그냥 하면 공부지만 좋아서 하면 놀이가 됩니다.

시간 날 때마다 투데이즈 피피씨todaysppc 등 사이트를 눈팅하며 놀았습니다. 4년을 쭉 그랬으니 덕후의 반열에 오르고 있었습니다. PDA폰을 가지고 놀다 보니 무선데이터 요금제에 대해서도 훤히 알게 되고(그 당시에는 JUNE, MagicN 등 괴이한 이름과 비싼 요금제를 지닌 무선데이터를 사람들이 두려워했습니다), 통신 요금을 어떻게든 줄이려 하다 보니 가정의 인터넷 요금제에 대해서도 연구하고, 전화국 창구를 밥 먹듯 드나들었습니다. 창구직원과 싸우기도 많이 싸웠습니다.

너무 옛날이 되어 사람들 기억 속에 없지만, 당사 K사는 유선 인터넷망을 기반으로 이미 와이파이망을 갖추고 있는 상황이었습니다. 경쟁사는 그런 자산이 없다 보니 지금 생각하면 말도 안 되는 악행을 꽤나 오랫동안 저질렀죠. 바로 자사를 통해 출시되는 기기에서 와이파이 모듈을 삭제하고 출시했던 겁니다. 당시 통신 시장은 제조사보다 통신사가 훨씬 막강한 권한을 가지고 있어서 이런 게 가능했습니다.

JUNE, MagicN 등의 무선인터넷은 호갱 고객을 양산해서 통신사 배를 불리는 데 일조하고 있었던 터라, 경쟁사로서는 훨씬 더 빠른 데다가 무료인 와이파이가 보편화되는 게 마음에 들지 않았을 것입니다. 면접 말미에 저는 상세히 이 부분을 짚으며 대응 방안을 제시했습니다. 지금 생각하면 얼굴이 화끈거립니다. 얼마나 당돌하고 웃겨 보였을지.

폭풍 같은 25분이 지났습니다. 면접관들이나 저나 얼굴이 붉어진 상태. 감정도 격양된 상태입니다. 그래도 속이 후련했습니다. 깍듯하게 인사를 마치고 나오면서 저는 부모님께 전화를 드렸습니다. 떨어진 것 같으니 공장 가서 열심히 회계 공부하겠다고요. 어머니는 다시는 K사 상품을 쓰지 않겠다고 하셨고, 저는 그렇게까진 하지 말자고 했습니다.

그리고 보름 뒤 열심히 공장에서 OJT를 하고 있는데, 다시 문자가 왔습니다. 실무면접을 통과했으니 임원면접을 보러 오랍니다. 면접관과 욕설만 안 했지 엄청난 설전을 벌이고 온 마당에 합격이라니… 뭔가 이상하다… 합격자를 랜덤으로 산출하는 것인가…. 별별 생각이 다 들었습니다. 제가 내린 결론은, '면접을 하도 이상하게 봤으니 좀 더 물어보고 결정하겠다는 건가 보다'였습니다.

임원면접일이 되었습니다. 면접비는 또 5만 원입니다. 상경하면서 속으로 생각했습니다. 기회가 있으면 그때 못한 PR도 하고 이미지 개선도 좀 해야지, 묻는 말에만 착하게 대답해야지…. 면접관과 싸운 기분처럼 찜찜한 게 없습니다. 반성하며 올라왔습니다.

임원면접은 임원 3명과 면접자 6명이 40분간 대화하는 형식이었습니다. 모여있는 사람들은 여전히 스미스 요원 복장입니다. 같은 조가 된 5명의 면면을 보니 다들 얼굴에 '똑똑/스마트/총명'이라고 쓰여있습니다. 이런 사람들과 경쟁해야 하는 것을 걱정하며 들어갔습니다.

아니나 다를까, 한 명씩 자기소개를 하는데 스펙과 경력이 엄청납니다. 일단 6명 중 4명이 S대였습니다. 독일어로 자기소개를 하는 사람도 있습니다. 다들 어떻게 그렇게 글로벌한 대기업들에서 인턴을 했으며 학생 때 한 활동들도 어찌나 굉장한지.

듣고 있으니 마음이 또 편해집니다. 떨어져도 자연스러울 것 같은 이 편안함이란 시몬스 저리 가라입니다. 한 명씩 자기소개를 한 후, 면접관들이 마음대로 특정인에게 질문을 시작했습니다. 그런데 어째 진행되는 게 이상했습니다. 저를 제외한 다른 사람들에게만 질문이 많은 것 같았습니다.

특히 S대 법대를 나와서 영화감독이 되고자 몇 년을 노력했다는 30대 초반의 어떤 분이 기억에 남습니다. 면접관들은 집요하게 왜 사법고시 준비를 안 했느냐, 영화업계에서 배운 게 무엇이냐, 입사한다면 어떻게 회사에 기여하고 싶으냐를 물었습니다. 그분을 필두로 다른 4명에게도 고루 질문이 돌아갑니다. 궁금한 게 많으셨나 봅니다. 그런데 왜 제게는 궁금한 게 없으셨던 건지 모르겠습니다.

40분의 면접시간 동안 다른 지원자 5명이 질문 소나기를 받는데, 제게는 발언 기회가 딱 2번 있었습니다. 처음의 '자기소개'와 마지막에 '하고 싶은 말'입니다. 물론 6명 공통으로 주어진 항목이었습니다. 즉, 제게는 40분간 아무도, 어떤 것도 질문하지 않았습니다.

그렇게 끝나고 인사를 마치고 나왔습니다. 속으로 느낌이 왔습니다. 더불어 강한 분노가 치밀어 올랐습니다. 야, 이 회사 진짜 너무하네. 이럴 거면 면접에 왜 불렀어? 지역 출신자 숫자 채우기 같은 건가? 난 대체 뭐였던 거지, 라는 분노.

K사 본사 계단을 내려오며 또 부모님께 전화를 드렸습니다. 이번에야말로 확실히 떨어진 것 같다고. 앞으로 K사 서비스는 하나도 쓰지 말자고.

그로부터 얼마 뒤, 최종 합격 메일과 문자를 받았습니다. 기대가 1도 없었기 때문에 정말 놀랐습니다. 1차 면접

때는 싸웠고, 2차 면접 때는 공기와 같은 존재감을 뿜냈는데 합격일 리가요. 한동안 전산오류를 의심했습니다. 그래서 당시 있던 회사에 말도 못 했습니다.

신체검사를 받고 오리엔테이션을 가서야 오류가 아님을 알았습니다. 이쯤 되면 비하인드 스토리가 너무 궁금해집니다. 당시에는 대체 왜 제가 뽑혔던 건지 알 도리가 없었습니다. 한참이나 시간이 흐른 뒤 건너 건너로 겨우 듣게 되었습니다.

1차 실무면접에서 면접관들이 저와 언성을 높였음에도 매우 후한 점수를 주었다는 것을요. 점수가 너무 높아서 임원면접 때는 임원들이 다른 사람에게 시간을 더 투자했던 것이었습니다. 제가 속했던 조 6명 중 합격한 사람은 저와 다른 한 명이었습니다. S대 법대를 나와 질문을 가장 많이 받았던 면접자가 오리엔테이션 때 없었던 걸 보면, 그때의 면접은 떨어뜨릴지 말지를 가늠하는 확인 과정이었던 듯합니다.

돌이켜보면 재미있기도 하고 스릴 넘치기도 한 기억입니다. 그때 그분들이 왜 그렇게 생각했나, 그리고 지금의 나라면 그때의 날 과연 뽑을까 가끔 생각해봅니다. 결과적으로 저는 그 흔한 K사 대비 서적 하나 안 보고 붙었습니다. 그냥 덕후였을 뿐인데요.

지금은 그때보다 좋아하는 것의 가치가 더 높아진 시대라고 생각합니다. 싫어하는 일이라도 평생직장이라면 다닐 이유가 충분했지만, 지금은 평생직장이 없으니까요. '오랫동안 해도 좋은 일'이고 '그 분야의 전문가가 되고 싶게 만드는 일'이란 결국 '좋아하는 일'이어야 합니다. 저는 운이 좋게도, 대학교 때 그걸 찾을 수 있었습니다. 아닐 수 있었지만 맞다고 생각하며 노력했습니다. 결과적으로 옳았고요.

자신이 어떤 사람인지 늘 자문해보길 바랍니다. 해도 해도 지겹지 않은 일, 생각할수록 즐거운 것(물건, 행위, 이벤트… 뭐든 좋습니다)도 생각해보세요. 물론 그게 돈으로 연결되지 않을 가능성도 높습니다. 그래도 분야와 아이템이 정해진다면, 즉 방향이 정해졌다면 그다음이 속도입니다. 방향이 잘 잡히면 속도는 가속이 붙게 마련입니다.

겸손
해야

했습
니다

옛날 이야기를 조금 더 해볼까요. 채용이 확정되고 한동안 어리둥절하다가 지방에서 짐을 싸서 올라왔습니다. 가까운 병원을 통해 신체검사를 받고 확정 통지를 받을 때까지도 실감이 잘 나지 않았습니다.

현실감을 확 일깨워준 것은 다름 아닌 포털사이트 다음의 취업 준비 카페였습니다. K사 공채 준비를 위한 카페였는데 면접 팁과 후기 등이 공유되고 있었습니다. 최종 합격자 발표가 끝나고 누군가가 서울에 있는 공채 합격자들이 먼저 한 번 모이자고 운을 띄웠죠.

서류 합격 후 면접 전까지 정보도 교환하고 스터디 진행도 하던 카페였는데요. 저도 스터디를 할 때면 가보고 싶었지만 지방의 공장에 붙잡혀있던 터라 한 번도 가지 못했습니다. 그러던 차에 오프라인 번개 공지가 뜬 겁니다. 대체 어떤 사람들이 합격한 건가 너무 궁금했습니다. 또 저는 일반전형 합격자였기에 더 궁금했습니다. 지역전형자들은 지역에서 교류하곤 했는데 저는 그런 것도 없이 혼자서 준비했으니까요.

약속한 날이 되었습니다. 신촌의 어느 음식점이었던 걸로 기억합니다. 저 포함 17명이 모였습니다. 다들 비슷한 연배이니 금세 친해졌습니다. 어려운 관문을 통과했다는 동지애도 있었고요. 술잔이 어느 정도 돌고 각자 자기소개를 시작했습니다. 어느 정도 예상은 하고 있었지만 정말 엄청난 스펙의 동기들이었습니다. '인 서울'을 넘어 해외파들도 많았습니다.

쭈뼛거리며 제 소개를 했습니다. 속으로 별별 생각이 다 들었습니다. '나 혼자 지방대네… 무시하면 어떻게 하지?

아 괜히 왔나….' 그 자리의 동기들은 스스럼없이 저를 대했지만, 저는 학벌과 스펙의 부족함을 마음에 담아두고 있었습니다. 우습게도 혼자서 마음속으로 이렇게 생각했습니다. '이 대단하고 훌륭한 동기들 사이에서 내가 제일 부족하구나. 나는 누구고 여긴 또 어딘가.'

그날 이후 오랜 시간 동안 그 생각은 저를 따라다녔습니다. 아마 이런 게 자격지심일 겁니다. 아무도 뭐라 하지 않는데 혼자 의식하고 열등감을 느꼈습니다. 통신 대기업에 대졸 공채로 입사했다는 자긍심보다는, 이게 같은 출발선이 아니라는 조바심이 더 들었습니다. 다 같이 신입사원이라는 타이틀을 달고 시작하는 것 같지만 저는 한참 뒤에서 시작한다고 느끼게 되었죠.

보통 드라마나 소설 속 주인공은 이런 부족함을 노력과 재능으로 멋지게 극복해 내는데요. 평범한 저로서는 흉내조차 낼 수 없었습니다. 그러다 보니 택할 수 있는 유일한 방법은 그냥 상황을 인정하고 어떻게 해야 할지를 고민하는 것뿐이었죠. 합격의 기쁨이 문제가 아니라 이 조직에서 어떻게 살아나가야 할지 고민을 하게 됩니다. 잘난 게 없다고 생각하니 점점 더 겸손해지고 주변 사람들에게 좋은 인상을 주고자 노력하게 됩니다.

약 한 달에 걸친 신입사원 합숙 훈련 뒤 동기들은 전국으로 뿔뿔이 흩어졌습니다. 신입사원은 무조건 현장경험을 가져야 한다는 방침 때문에 대부분 전국의 전화국 지사/지점으로 배치됐죠. 전화국에는 정말 다양한 분들이 계셨습니다. 첫 출근을 한 날부터 지사 안의 약 400명 모두에게 인사하고 다녔습니다. 그냥 이 건물 안에서 내가 제일 막내다, 가장 부족하다고 생각하며 인사를 했습니다. 은근 편합니다. 성함이나 직급을 몰라도 보이면 아무나 막 인사합니다. 그리고는 그냥 다 선배님 선배님 부르면 됩니다.

그런데 이게 전화국에서 오랜 기간 근무하셨던 분들에게는 굉장히 특이하게 느껴지셨던 모양입니다. 입사하고 반년쯤 지났을 때 같은 부서 과장님께서 술자리에서 이야기해주셨던 말씀이 기억에 남습니다. 제가 싹싹하게 잘해서 마음에 든다며 특이하다고요.

왜 특이한지 여쭤보니, 기존의 대졸 공채 신입사원과 다르다는 설명을 해주셨습니다. 전국에 전화국은 수백 개이고, 대졸 공채는 그보다 훨씬 적게 뽑습니다. 몇 년에 한

번 올까 말까 한 신입사원입니다. 그런데 그들 대부분이 전화국을 보고 실망부터 했다고 합니다. 그 좋은 스펙에 노력해서 대기업에 입사했는데, 지역 전화국에 발령받은 게 싫은 거죠.

통신 정책을 휘두르는 큰일을 할 줄 알았는데 막상 입사하고 보니 인터넷 몇 회선 개통했나, 핸드폰 몇 대 팔았나 따지고 있어서 더 실망한다고 합니다. 그리고 그 실망은 태도에서 바로 드러납니다. 전화국에서 마주하는 사람에 대해 인사도 점점 하는 둥 마는 둥 하게 되고, 업무에 집중도 하지 않게 된다고요. 그래서 절 좋게 보셨다고 칭찬해주셨습니다.

사실 모를 일이죠. 만약 제가 최고 학벌에 남부러울 것 없는 스펙이었다면 '내가 여기 아니면 갈 데 없나'라는 생각으로 업무에 집중하지 못했을 수도 있습니다. 하지만 동기들이 1층에서 출발할 때 나는 지하 3층쯤에서 출발한다는 생각이 회사생활에 더 좋게 작용했던 것이죠. 열심히 하고 싹싹한 친구로 알려진 덕에, 저는 이후 제가 가고 싶었던 신사업추진본부로 성공적으로 이동할 수 있었습니다. 이때 겸손함이 가지는 힘을 알았습니다.

저는 겸손함이란 '인정하는 힘'이라고 생각합니다. 정말로 '내가 부족하다'라는 걸 인정하는 순간 우리의 태도는 바뀌게 됩니다. 일단 뻣뻣하던 고개가 부드러워집니다. 타인보다 내가 우월하다는 시선이 아니라, 타인의 강점과 배울 점을 찾아보려는 시선으로 바뀝니다. 내가 잘 모르니 도움을 필요로 하게 되고, 도움을 받아야 하니 눈치를 보게 되죠. 상대방의 감성을 더 살피게 됩니다. 많은 이들이 착각하고 있는데, 이는 자존감을 깎는 행위가 아닙니다. 내가 부족한 걸 메꾸려는 움직임이니까요. 부족한 점을 인정하면서 차근히 배워나가세요. 분명 큰 도움이 될 겁니다.

회사에
좋은 옷을

입고 가지
마세요

다소 도발적인 제목으로 시작하게 되었네요. 사실 저는 타인에게 이래라 저래라 하는 것을 싫어합니다. 저 사람 참 못생겼다 싶다가도, '내가 이렇게 생겼는데 남 얼굴을 뭐라 할 자격이 있나…'는 생각이 떠올라 입을 다물게 됩니다. 이런 제가 저런 제목을 정한 데에는 이게 맞는 것 같다는 확신이 들어서입니다. 읽는 분들께 팁이 되었으면 하는 마음도 있고요.

대부분의 사람들은 '돈을 벌기' 위해 회사를 다닙니다. 인류의 평화와 번영을 위해 오늘도 출근한다는 사람은 없겠죠. 그러다 보니 회사에 도착한 순간부터 모든 것이 경쟁입니다. 회사는 다른 회사와 경쟁합니다. 우리는 동료와 경쟁합니다. 저 친구의 쓰임새보다 나의 쓰임새가 더 좋음을 끊임없이 증명해야 하죠.

자신을 증명하는 방법은 두 가지가 있습니다. 간단하게는, 그냥 남보다 잘하면 됩니다. 그러나 비극적이게도 대부분의 사람들은 이보다 빠른 방법을 선호합니다. 남을 깎아내리는 거죠.

실력이 없어도 성과가 없어도 쉽고 편한 방법입니다. 회사 내의 뒷담화는 대부분 이렇게 시작됩니다. 이 현상은 사실 선악의 개념보다는 본능에 가까워 보입니다. 사람은 자존감을 유지하고 싶어 합니다. 현명한 사람은 자신의 강점을 닦아가며 노력하지만, 대부분의 사람은 상대방을 낮춤으로써 자존감을 유지하는 것이죠.

여기까지 동의하신다면 제목이 와닿으실 겁니다. 대부분의 사람들은 남들보다 좋은 옷을 입고, 좋은 시계와 차를 자랑하고 싶어 합니다. 인스타그램은 이러한 욕망의 전형입니다. 사진의 함축성으로 강렬하게 보는 이의 욕망을 자극합니다. '내가 이렇게 좋은 데 다녀왔다', '내 차가 이렇게 멋지다', '내 몸매가 이렇게 좋다', '난 부자다'…. 쉽고 빠르게 셀럽으로 등극할 수 있는 방법이죠.

개인의 사생활이야 누가 뭐라고 하겠냐만, 이게 (타인의 관심과 평가가 지속되는) 회사로 오게 되면 다른 양상이 됩니다. 기본적으로 타인을 인정하는 데 인색한 우리 본성 때문에, 우리는 상대방의 깎아내릴 지점을 찾게 됩니다. 업무를 못한다면 당연히 물어뜯습니다. 특이한 취향이 있다면 역시 공격 대상입니다. 저는 책상 위에 조그마한 어항을 놓았다는 걸 트집 잡아 뒷담화하는 사람도 봤습니다. 어항의 물고기가 본인 근무하는 데 얼마나 큰 방해가 된다고 그러는지는 모르겠습니다만, 사람이 사람 싫어하는 데는 논리가 우선하지 않습니다. 그리고 이렇게 공격할 포인트로 매우 잘 활용되는 것이 바로 '(돈) 있어 보이는 티'입니다. 자신의 비싼 옷, 좋은 시계, 차를 회사 동료들에게 자랑하고 싶은 마음은 십분 이해합니다. 동료들도 겉으로는 시계와 옷을 아낌없이 칭찬하며 부러워해줍니다. 다. 본심으로도 진정 축하해주고 부러워하는 (인격자) 동

료도 있을 것입니다. 그러나 그보다는, 마음 한구석에 자신의 생채기로 저장해두는 동료들이 훨씬 많을 겁니다. '아, 박 대리는 나랑 연봉 차이도 별로 안 나는데 벌써 저런 옷을 입네? 부럽다.'

마음속에 난 생채기를 치유하는 정상적인 방법은, '열심히 돈 벌어서 나도 사야지!'이겠죠. 하지만 사람들은 그러지 않습니다. 대신 비난할 거리를 찾습니다. 그래야 자신의 마음이 나아지거든요.

이런 이야기를 하다 보면 반론도 만만치 않게 듣습니다. 그렇다고 하지 말라는 것이냐, 나를 위한 플렉스인데 뭐가 문제냐, 왜 내가 회사 다니면서 남의 눈치를 봐야 하냐, 난 비싸고 좋은 옷을 입을 때 자신감도 살아나고 회사 일도 잘된다 등등입니다. 다 일리 있는 항변입니다. 그러나 이 책의 서두에서 제시한 주제, 즉 '무리하지 않는 선의 에너지와 시간만 회사에 쏟기 위해서라면' 제 말이 맞습니다. 불필요한 시기와 질투에 휘말려서 귀중한 시간과 감정을 낭비할 필요는 없으니까요.

회사의 임원이나 IR 담당자 등 '전략적으로 있는 척을 해야 하는 자리'라면 최대한 부티를 내고 출근해야겠습니다만, 그렇지 않다면 회사 동료들에게 보여주는 것은 말리고 싶습니다. 한 발짝 더 나간다면, 친구들이나 친척에게도 하지 말라고 말하고 싶습니다. 정도의 차이가 있을 뿐 질투는 있으니까요. 설과 추석 때 친척들 사이에서 벌어지는 '자랑 배틀'과 크게 다르지 않습니다.

회사에서의 자랑은 실력과 성과로 보여주면 됩니다. 불필요한 질투를 유발하는 것만큼 손해도 없습니다. 회사에서는 자신을 낮추세요. 언젠가는 그게 당신의 경쟁력이 될 것입니다.

스펙
이란

뭐였을
까요?

서점에 자주 가시나요? 저는 시간이 날 때마다 갑니다. 새 책 구경하는 재미가 쏠쏠하거든요. 새 책에서 나는 종이 냄새도 좋아하고요. 몰랐던 걸 알아가는 것도 좋습니다. 거기에 한 가지 더, 저만의 힐링 포인트가 있습니다. 회사생활에 힘들고 지칠 때마다 큰 위안을 받는 방법인데요, 바로 취업 서적 코너를 둘러보는 겁니다. 어느 정도 규모가 있는 서점이면 대개 취업 서적 코너가 있거든요. SK, LG,

삼성 등 내로라하는 대기업부터 공기업, 중견기업까지 다양한 취업 준비 서적들이 위풍당당하게 저를 맞이합니다.

살펴보면 참 신기합니다. 일단 매년 뭐가 그리 바뀌는지 해마다 '20××년 최신판'이라고 광고를 하더라고요. 어떤 회사건 연 단위로 막 변하는 곳은 거의 없던데 말이죠. 책을 펼쳐보면 더 재미있습니다. 목표 회사가 무슨 일을 하고 경쟁 상황이 어떻고 전략 방향은 어떻고 이런 이야기를 해야 할 것 같은데 회사 소개는 정작 몇 페이지 안됩니다. 그 뒤는 고등학교 문제집 같습니다. 도형을 접어서 옆에서 보라고 시키고 시사 상식을 묻습니다. 심하면 국어나 영어 문제도 나오고요. 논리력을 검증한다면서 IQ 테스트 같은 문제도 많이 보입니다.

보고 있으면 난이도에 혀를 내두르게 됩니다. 오늘 있었던 부장님의 불호령, 옆 부서 박 과장의 업무 비협조 등 회사에서 받은 스트레스는 스르르 녹아내릴 정도죠. 어휴 그래, 이렇게 어려운 시험을 통과해야 들어오는 회사인데 그깟 박 과장쯤이야. 따뜻한 노천탕에서 몸을 녹이듯 제 마음도 훈훈해집니다.

하지만 한편으론 이게 대체 뭐 하는 짓인가 씁쓸하기도

합니다. 지금도 어느 독서실 한켠에선 이 회사 들어오겠다고 이 두꺼운 문제집을 풀고 있을 후배님들이 있을 텐데 말이죠. 이 문제들을 잘 푼다고 일 잘하는 건 절대 아니건만, 왜 우린 이런 문제집에 목을 매게 된 걸까요?

이런 책들의 저자는 대부분의 경우 저명한 대학교수, 국가시험 문제 출제자, 출판사의 해당 기업 전문팀입니다. 하다못해 해당 기업에서 오랫동안 근무한 사람이 문제를 낸다면 이해라도 하겠지만, 이건 그냥 문제집일 뿐입니다. '직무적성검사'가 정말로 그 직무에 맞는 사람을 가려주진 않습니다. 어떻게 단언하느냐고요? 제가 꽤 많이 서서 풀어봤는데요, 물어보는 내용 자체가 업무와 연관이 전혀 없었습니다. 그리고 회사에서 이 점을 모를 리가 없죠.

취준생이던 시절엔 몰랐다가 회사생활을 하면서 알게 된 진실 중 하나는, 대학교 때 배운 것이 무엇이든 회사에서는 그냥 처음부터 새로 가르친다고 여긴다는 사실이었습니다. 어느 정도 규모가 있는 회사는 입사자 간의 퍼포먼스 차이가 크지 않다는 것을 잘 알고 있죠. 그런데 회사에 입사하고 싶어 하는 사람이 넘쳐나니 변별력이 필요해집니다. 결국 떨어뜨리기 위한 시험이 시작됩니다. 직무적성검사가 그렇고 토익으로 대변되는 영어점수가 그렇습니다.

저는 토익점수가 그리 높지 않았습니다. 제가 취업 준비를 하던 2005년에도 토익점수는 필수였는데 900점도 안 되었으니 말 다했죠. 다들 토익점수에 목을 매길래 대체 회사 들어가면 얼마나 영어를 쓸까 궁금했습니다. 업무나 부서별로 편차가 있겠지만 제가 다닌 회사의 대다수 부서는 안 쓰더라고요. 토익 점수가 높다고 영어를 잘하는 것도 아니었고요. 결국 이 또한 변별을 위한 시험이었죠.

직무적성검사나 높은 영어점수가 실제 업무에선 큰 영향을 주지 않습니다. 이 점수가 낮아서 떨어진 분들이 만약 입사했다면, 일을 잘 못했을까요? 누구도 단정할 수 없겠죠. 저나 떨어진 분들이나 똑같이 열심히 무언가 준비했을 겁니다. 운이 가른 측면도 클 겁니다. 회사는 높은 직무적성검사 점수나 영어점수를 보며 '간주'할 뿐입니다. 이 사람이 다른 사람보다는 더 일을 잘할 거라는 예상인 거죠.

그렇습니다. 시험 성적이 꼭 업무 능력과 정비례하지 않는다는 것, 모두가 아는 사실입니다. 다들 고개를 끄덕이실 겁니다. 마찬가지로 우리는 회사생활을 하면서 또 다른 진실을 마주하게 됩니다. 그렇게 열심히 쌓아온 스펙이, 회사에서 일을 잘할 수 있다는 보증은 아니라는 거요.

엄청나게 우수한 스펙을 가져도 입사해도 막상 들어오고 나면 전혀 다른 세계가 펼쳐집니다. 공모전, 인턴, 어학연수, 학점, 토익, 봉사활동 등 (써놓고 보니 많네요. 이게 무슨 고생인지 ㅜㅜ) 훌륭한 스펙입니다만, 회사에선 모든 게 리셋되고 새로운 시작입니다. 입사할 때는 이 냉혹한 진실을 잘 모르고 왔다가 좌절하는 후배들이 많았습니다.

중학교 때 우등생이었으면 고등학생 때도 그럴 확률이 높고, 그 덕에 좋은 대학을 갈 확률도 높을 겁니다. 사회가 요구하는 것을 성실하게 실행해온 거죠. 제 주변을 봐도 그런 분들은 입사까지 계속 순조롭습니다. 이런 분들이 좌절하는 순간은 입사에 실패해서가 아닙니다. 오히려 입사하고 나서였습니다. 공부는 자신이 하는 것이지만 업무는 나 혼자 잘한다고 되는 게 아니기 때문이었죠.

공부머리와 일머리를 나눠서 생각하면, 의외로 회사의 많은 부분이 이해가 갑니다. 토익 600도 안 나왔다고 자랑스럽게 말하는 저 차장님이 왜 회사 안에서 에이스로 불리고 있는 건지, 화염병 만드느라 학점 관리를 못했다는 팀장님은 왜 팀장님인지 납득이 됩니다. 나보다 못한 대학 출신이라고 깔볼 필요도 명분도 없고, 해외파라고 기죽을 이유도 없는 거였습니다. 스펙과 업무 능력은 다르니까요. 물론 개중에는 대체 왜 저 자리에 있는지 정말로 이해가 안 가는 무능한 상사가 있을 수도 있겠지만, 우리의 소중한 에너지 관리를 위해 굳이 거기까지 신경 쓰지는 맙시다. 내 돈으로 그들에게 월급 주는 건 아니니까요.

스펙이야 더 좋을지 몰라도 일머리는 초보라는 사실을 인지하는 것은 매우 중요한 일입니다. 고참들의 업무 능력, 이른바 '입사 후 만든 스펙'은 출신 학교 명이나 토익 점수처럼 눈에 보이지 않으니까요. 유능한 선배나 상사의 일머리를 내 것으로 만들려면 어떻게 해야 할지, 유리한 환경 조성에 필요한 걸 고민해보세요. 그게 장기적으로는 좋은 결과를 가져다줄 겁니다.

고과,

잘 받으셨나요?

연말이 슬슬 다가오면 머라이어 캐리의 캐롤송이 여기저기서 들리기 시작합니다. 머라이어 캐리는 매년 저작권료로만 40억 원이 들어온다고 하네요. 버스커버스커의 벚꽃 연금을 뛰어넘는 실로 어마무시한 금액이 아닐 수 없습니다.

머라이어 캐리는 매년 연말이 즐겁고 기쁘겠지만 우리 월급쟁이들은 다 그렇진 않을 겁니다. 회사는 연말이 되면 내년 계획이다, 올해 성과 정리다 하며 바쁩니다. 더불어 직원평가와 승진, 조직개편 등을 진행하죠.

인사팀에서 평가 계획이 오고, 직원들은 자신의 한해 성과에 대해 구구절절 장황하게 입력하기 시작합니다. 관리자들은 자료를 보며 고민에 빠집니다. 대한민국 절대다수의 회사들은 절대평가가 아닌 상대평가를 하고 있습니다. 고과는 연봉 인상률에 식결되는 경우가 많아, 다 잘 줄 수가 없습니다. 저놈을 잘 주면 이놈을 못 줘야 하는 상황이 발생합니다. 어디서 본 듯한 상황입니다. 네, 대학 교수님들도 비슷한 고민을 비슷한 시기에 하시고 있죠.

자, 여기에 각 부서별로 승진 대상자 포진 상황이라는 변수 하나가 더 추가됩니다. 대부분의 회사는 몇 년 차면 무슨 직급이라는 암묵적인 룰이 있습니다. 그 덕에 자의든 타의든 '아무개가 승진 대상자더라'라는 것이 널리 퍼지게 됩니다. 회사 뒷담화 중에 또 이만큼 재미있는 게 없거든요. 연초에 링에 올려진 승진 대상자는 1년간 열심히 달리게 됩니다. (그것이 업무든 정치든) 그 결과 또한 고과평가에 드러납니다. 평가가 안 좋은데 승진할 수는 없으니까요.

관리자는 고민합니다. 아무개는 뭘 잘했고, 아무개는 승진해야 하고, 아무개는 작년에 못 줬는데 또 못 주기 어렵고…. 교수님들은 한 번 보고 안 볼 터라 냉정하게라도 하죠. (물론 계속 보는 슬픈 인연도 있습니다만…) 직원들은 내년에도, 몇 년 후에도, 어쩌면 더 오랫동안 볼 수도 있습니다. 어렵습니다.

중간 관리자가 고민한 평가 결과는 상위 관리자(보통 실장, 본부장 이런 타이틀을 가진 분들)들이 또 조정합니다. 뭐가 이리 복잡하냐고요? 아니죠. 이는 관리자들을 위한 훌륭한 장치입니다.

"아이고, 이것 참…. 김 대리, 난 잘 줬는데 본부장님이 이렇게 조정을 하셨네. 옆 팀 박 대리가 이번에 한 건 해서 그런가 봐. 어쩌지?"

번역하면 '난 잘 줬는데 다 본부장이 저런 거임. 난 모름' 이런 의미입니다. 전가의 보도이자, 관리자 회피 만렙 스킬이죠. 직원이 그렇다고 본부장에게 가서 사실관계 확인을 할 것도 아니고 말이죠.

이런 지난한 과정이 끝나고 나면, 한해를 정리하는 (듯한) 알파벳 하나가 당신에게 하사됩니다. 분명 ABCD는 아무 잘못이 없건만, 우리는 A를 사랑하고 D를 증오합니다. S는 분명 A보다 한참 뒤에 있음에도 S는 모두가 사랑하는 알파벳입니다. 슈퍼맨이 보면 빙그레 웃을 상황입니다. 모 대기업은 이러한 알파벳 간의 불평등을 크게 우려한 나머지, 글자를 바꿔버리기도 했죠. E Excellent를 필두로, S Superior, I Impressive 등을 입맛에 맞게 나열합니다. 언뜻 들으면 다 잘한 것 같습니다. 네, 회사 인사팀이 고민을 거듭한 결과입니다. 조삼모사라도 직원들이 다 만족하면 해피엔딩이라는 거죠.

16년간 회사생활을 해오면서 조금은 조직과 사람에 대해 알아가고 있습니다. 행여나 이 글을 읽는 분들이 고과 때문에 상심하고 우울해하고 있다면 이 말을 꼭 해드리고 싶습니다.

"당신의 한해는 알파벳 한 글자에 압축되지 않습니다."

음, 뭔가 멋있게 한마디 하고 싶었습니다만… 아마도 무슨 멍멍이 소리냐, 내년 연봉 어쩌란 말이냐 등등의 반응이 있을 듯하네요. 어떻게 아냐고요? 제가 늘 그랬거든요. 평가에 몹시도 집착했더랬습니다. 성과는 쥐뿔도 없어도 장황한 필체로 조선왕조실록을 공적서에 적었습니다. 갑자기 일찍 오고 늦게 갑니다. 평가 철에는 회식에 절대 빠지지 않습니다. 노래는 아바만 들었습니다(ABBA…!).

그랬는데도 예상보다 낮은 고과를 받은 어느 해. 회사 밖으로 나와서 본 하늘은, 놀랍게도 어제 본 하늘과 똑같았습니다. 그저께 본 하늘과도 같았지요. 그때 깨달았습니다.

'왜 난 회사가 하늘이라고 생각했을까?'

회사는 회사의 삶을 살 뿐입니다. 당신은 당신의 인생이 있고요. 그 교집합에서 잠시 평가를 받을 뿐이고 당신의 삶은 계속됩니다. 한해 중 잠깐 만나는 교집합 점에서, 회사는 회사만의 편협하고 무자비한 시선으로 평가할 뿐이지요. 사람마다 삶의 기준과 가치가 다릅니다. 누구는 회사를 인생의 최우선으로 두고 살지만, 누구는 잠깐 머무는 정류장으로 봅니다. 정답은 없습니다. 물론 회사는 회사를 위해 살라고 할 것이고, 회사를 위해 사는 척을 하겠지만 다들 회사가 목적은 아니잖아요.

그래서 회사생활에 최선을 다하고 올인하라고 말씀을 못 드립니다. S나 A가 아니라 B여도 자신의 삶에서 S를 만들어냈다면 충분히 의미있는 한해인 거죠.

입사 후부터 언제나 늘 고과에 집착해왔습니다. 시간을 되돌려 그때로 돌아갈 수 있다면 저는 저에게 해주고 싶은 말이 많습니다. 영화《인터스텔라》의 서재 장면 같은데요. '그때 그 프로젝트를 할 때 코딩도 같이 배우도록 해!', '대출을 두려워하지 말고 지금 본 그 아파트를 사!', '글쓰기를 좀 더 일찍 시작해!' 등입니다. 그렇게 절절매었던 옛날 고과 알파벳들이 지금은 하나도 생각나지 않습니다. 그때 했으면 좋았을 일들만 잔뜩 생각나네요. 회사생활은 무리하지 않는선에서 하면 됐는데 그러지 못했습니다.

창업주가 아닌 한, 회사에 인생을 걸 필요는 없습니다. 지금이라도 한 발 떨어져서 더 중요한 것을 찾아보시면 좋겠습니다.

시간만
보내도

전문가로
인정받을 수 있다면

지금으로부터 24년 전, 저는 신성한 국방의 의무를 수행하고자 기쁜 마음으로 입대를 합니다. (첫 줄부터 거짓말을…) 당시에는 무려 30개월을 복무했던 공군에 입대를 했습니다. 비행기 구경을 공짜로 할 수 있을 것이라는 막연한 기대를 가지고요. 전투기 근처에서 근무하길 바랐지만 배운 게 도둑질이어서 그런지, 저는 회계 특기를 받게 됩니다. 학교 전공을 본 모양인데, 그 덕분에 제대 전까지 회계 업무를 맡게 됐습니다.

같이 근무했던 장교, 부사관분들 모두 좋은 분들이었습니다. 사무직 분들이셔서 그래도 구타보다는 말로 해 주셨달까요? 아무것도 모르는 어리버리 이등병에게 이것저것 참 잘 가르쳐 주셨습니다. 더불어 그때 배워둔 족구는, 사회 나와서 전형적인 복학생이 되는 데 크게 공헌하게 됩니다.

상경 계열이다 보니 다들 그렇듯 저도 복학하고 전문 자격증 취득을 고민하고 있었습니다. 친구 중에는 고시원에서 회계사나 세무사 등을 준비하는 경우도 많았죠. 그런데 군 생활을 하면서 놀라운 것을 알게 되었습니다.

대위 이상 장교로 경리병과에서 5년 이상 경리나 회계 감사 업무를 하면, 공인회계사나 세무사 시험 1차가 면제라는 것입니다. 근무 기간 중 성과를 보는 게 아니라, 그냥 업무를 했다는 것만으로 면제입니다.

혹시 여러분은 알고 계셨나요? 제게는 큰 충격이었습니다. 공인회계사 1차 시험이 어렵다는 것을 너무 잘 알고 있어서였죠. 시험 자체도 어렵습니다만, 제도도 엄격합니다. 미국 공인회계사AICPA는 과목별로 과락을 넘겨 합격하면 그 이후로는 다시 보지 않아도 됩니다. 시간을 들여 여러 번 응시를 하면 합격률이 높아집니다. 그러나 우리나라 회계사 1차 시험은 미국과 다릅니다. 1차를 패스했어도 2차 시험을 2회 낙방하면 다시 1차를 봐야 합니다. 그러니 1차 면제라는 건 엄청난 메리트가 아닐 수 없죠.

더 놀라웠던 것은, 저런 법이 있다면 (무려 공인회계사법에 나오는 '법'입니다) 장교들의 하루는 가만히 있어도 큰 의미를 가진다는 것이었습니다. 밖에서 수험생들이 하루하루 열심히 공부하는 그 시간의 의미. 그 의미를 장교들은 공짜로 가져가는 느낌이었죠. 물론 장교들도 업무를 합니다. 하지만 매일 수험생처럼 책만 보는 것도 아니고, 월급을 받으며, 경력도 쌓고 있습니다. 고시생 N년 차와 비교하면 아무래도 훨씬 좋게 보였죠.

그 이후 제 직업관에 변화가 왔습니다. 좋아하는 일을 평생 즐겁게 하는 게 가장 좋겠지만, 그 일을 하는 것만으로 경력이 쌓여 시장에서 인정받을 수 있는가도 중요하게 보게 되었습니다. 좀 더 직설적으로 말하자면 그 자리에 앉아있는 것만으로도 자신의 가치가 올라가는 일을 찾기 시작했습니다.

그래서 찾았을까요? 찾았다면 훨씬 더 자랑스럽게 글을 써 내려갔겠지만 아직입니다. 결국 이건 전문성에 대한 문제였습니다. 그 일을 수행하는 것을 전문가로 얼마나 많은 사람들이 인정해주느냐를 봐야 하니까요. 그래서,

1. 희소성이 있는 일을 하거나
2. 희소성이 있는 직장을 다니거나
3. 최소한, 프로젝트별로 성과를 설명할 수 있는 일을 하는 것이 필요합니다.

직장생활을 해보니 1~3번에 해당되지 않는 일이 훨씬 많았습니다. 예를 들어 대기업이라 해도 총무팀에 있다면 전문성을 인정받기 훨씬 어렵습니다. 위에 예시로 든 회계 장교는 '관련법'이 있기에 가능한 사례일 뿐, 대기업의 회계팀에 5년 있었다고 해서 회계전문가라고 꼭 인정해주는 것은 아니죠.

여러분이 하고 있는 일이 '보낸 시간만으로 전문성을 쌓아주는 일'인지 확인하고 싶다면 쉽고 간단한 방법이 있습니다. 고요한 방에서 컴퓨터를 켜시고, 자신이 마지

막으로 만들었던 이력서와 자기소개서를 찾아보세요. 신입이라면 바로 찾을 수 있겠지만 저처럼 마지막 업데이트 버전을 못 찾고 헤매는 분도 많으실 겁니다 ^^; 일단 찾고 나면 이력서를 주저리 주저리 업데이트 하세요. 이것만으로도 가슴이 뭉클해지며 느끼시는 바가 많을 겁니다. (아, 내가 진짜 열심히 살았구나 혹은 내가 한 게 이렇게 없구나 등등.)

여기서 한 가지를 더 해야 합니다. 바로 경력을 최대한 축약해서 적는 겁니다. 중요한 건 '최대한'입니다. 줄이고 줄이고 또 줄여보세요. 짧은 문장이 나올 텐데요. 그게 여러분의 전문성입니다. 만약 나오지 않는다면 지금부터라도 '난 좋아하는데 남들은 하기 싫어하는 일'을 찾거나 '내가 좋아하고 남들보다도 더 잘하는 일'을 찾아서 열심히 해보세요. 그게 돈이 되고 안 되고는 일단 생각하지 않길 바랍니다.

회사를 다니는 1차 목표는 (자아실현이면 좋겠지만) 대부분 급여입니다. 꿈을 이루거나 덕업일치를 한 게 아니라 생존을 위해 시간을 돈으로 치환하고 있다면, 전문성을 인정받는 방법을 늘 고민하시기 바랍니다. 직장생활이 긴 것 같지만 정말 순식간입니다. 시간이 흐르고 퇴직금만 남았다면 그만큼 우울한 상황도 없을 겁니다.

분식집
사장님은

한때
인사 담당자였습니다

몇 년 전 일입니다. 한창 바쁘게 일하고 있을 무렵, 낯선 번호로 전화가 왔습니다. 보통 이런 전화는 둘 중 하나입니다. 파트너사의 모르는 직원 아니면 스팸 전화. 바빠서 다소 퉁명스러운 목소리로 전화를 받았습니다.

"길 과장, 오랜만이야. 잘 지내지?"

약간은 기운 빠진 조용한 목소리. 처음에는 누군가 싶었지만 이내 기억이 떠올랐습니다. 퉁명스럽던 목소리는 순식간에 하이톤이 됩니다. 자리에서 일어나 사람들이 없는 곳으로 이동하며 반갑게 되묻습니다.

"와! 차장님! 이게 대체 얼마 만이에요! 아니지, 이제 팀장님이신가요?"

전화를 거신 분은 제가 직전에 있던 그룹의 모 본부 인사 담당자였던 차장님이었습니다. 회사 규모가 너무 크다 보니 당시 회사는 CIC Company In Company 체제를 유지하고 있었습니다. 모두 한 회사이지만 내부에서는 독립된 법인처럼 고유의 재무 및 인사조직이 있었습니다. 그리고 전화를 주신 그 차장님은 제가 있던 본부의 인사 담당자였습니다.

어느 회사이던 인사 담당자라는 위치는 굉장히 특별합니다. 인사가 만사라는 말을 굳이 꺼내지 않더라도, 모두 다 아는 사실입니다. 구성원들의 인적 사항을 열람할 수 있고, 징계와 포상에 관여할 수 있습니다. 승진 대상자를 1차적으로 선별하는 것도 중요한 업무입니다. 또한 고과에 대해서도 기초자료를 작성하여 임원에게 제공합니다. 이렇다 보니 인사 담당자와는 점심 한 번, 저녁 술자리 한 번 하기도 쉽지 않았습니다. 높은 자리에 있는 분들도 약속을 잡으려고 늘 노력합니다. 어떤 자리를 가더라도 동석한 사람들은 이 분의 눈치를 봅니다. 평가 자료가 어떻게 올라가느냐는 개인에게 대단히 중요한 문제입니다. 눈치를 보지 않을 수 없습니다.

당시 저는 주니어 티를 막 벗고 있던 터라, 이분이 정말 하늘 같아 보였습니다. 물론 그때 이후 꽤 시간이 흐른 터라 전화도 정말 반가웠습니다. 동시에 머릿속에 의문이 들었습니다. 이제는 다른 회사에 왔는데, 전화 주신 이유가 무엇인지 궁금했습니다. 반갑게 인사가 오고 가고, 근황을 여쭤봤습니다.

"아, 나 작년에 그만뒀어. 자네 지금 있는 회사에서 좀 떨어진 곳에 이번에 분식집을 내서 말이야. 시간 되면 한번 놀러 와."

머릿속으로 헉 하는 생각이 들었습니다. 승승장구하셔서 임원까지 하실 거라 생각했는데 벌써 퇴직이라니, 그리고 웬 분식집이지 하는 생각. 그리고 무엇보다, 위로를 드려야 하는 건지 축하를 드려야 하는 건지도 감을 잡을 수가 없었습니다. 제가 우물쭈물하자 차장님이 먼저 말을 건네십니다.

"괜찮아. 나쁜 일 아니게 잘 나왔어. 시간 되면 꼭 한

번 와.”

잘 알겠다고 몇 번이나 꼭 가겠다고 말씀드리고 전화를 끊었습니다. 앞뒤 사정도 모르면서 막연히 착잡하게 느껴졌습니다. 하셨던 업무의 전문성이나 그 네트워크를 제가 알았기 때문입니다. 그리고 전화 너머로 들리는 목소리의 느낌도 그랬습니다.

옛 추억에 젖어 잠시 이런저런 생각하는 사이에 또 파트너사 전화가 울려왔습니다. 전화를 받으며 마음속으로 다음 주 즈음에나 시간 내서 한 번 가봐야겠다고 생각했습니다.

그다음 주에는 일이 많았습니다.

그 다음다음 주에도 일이 많았습니다.

그러던 사이 어느새 저는 잊어버리고 말았습니다. 막연히 한 번 가야지 하고 되뇌면서.

차장님의 전화를 받고 1년 정도 흐르고서, 갑자기 그때 그 전화가 생각났습니다. 바쁘다는 핑계로 연락 한 번 못 드린 게 죄송하게 느껴졌습니다. 바로 전화를 드렸습니다.

“아이고, 길 과장! 이게 얼마 만이야. 잘 지내?”

“차장님, 죄송합니다. 예전에 전화 주시고 제가 꼭 한

번 찾아뵈려 했는데, 하는 것 없이 바빴네요. 오늘 점심때 가게에 계세요? 저희가 점심시간이 12시부터니까 그 전후로….”

“아, 괜찮아. 나 가게 접었어. 이것도 아무나 하는 건 아니더라고.”

이후 꽤나 오랜 시간, 통화했습니다. 저도 나이를 먹어 보니 오랜만에 연락하는 것 자체가 어려운 일이라는 걸 알겠더군요. 그래서 너무 죄송했습니다. 그런데 오히려 차장님은 괜찮다고 하시며 전화 줘서 고맙다고 몇 번이나 이야기하셨습니다. 그리고는 덤덤히 그간의 이야기를 해주셨습니다. 회사에서 나오게 된 이야기이며, 요식업에 도전하게 된 이야기이며…. 차장님이 그때 해주신 이야기는 지금도 마음속에 생생히 남아있는데, 대략 요약하면 이렇습니다.

힘이 있고 지위가 있을 때 그렇게 자신을 만나려 하던 사람들이 퇴직 후 연락이 뚝 끊어지는 것이 당황스러웠다, 한때는 우울증 약도 먹었다, 퇴직 후 하던 일과 연관된 일을 해보려 했지만 그때 가지고 있던 인맥은 큰 도움이 되지 못했다, 회사 이름과 자리를 빼고 나니, 나는 무엇이었나 하는 생각이 들더라.

차장님의 그 대단했던 권력(사실 권력이라고 표현하는 게 좀 이상하지만)을 옆에서 본 저로서는 만감이 교차했습니다. 더불어 저 자신에게도 묻게 되더군요. 회사 이름과 자리를 빼면 제게 대체 무엇이 남는 것인지. 자연인인 저는 대체 사회에서 어떤 존재일지.

사실 이 이슈는, 많은 자기계발서에서 다뤘던 문제입니다. 또한 만화 『미생』에서도 나온 바 있습니다. 많은 사람들이 회사가 주는 권위와 브랜드를 자신의 것으로 오해합니다. 저 또한 그랬고 지금도 그러고 있고요. 그래서 많은 자기계발서에서는 이에 대한 해법으로, 아래와 같이 말합니다.

- 회사와 자신을 분리하고 자신만의 브랜드를 만들어라.
- 자기가 하는 일에서 최선을 다해라. 그 분야의 최고가 되어라.
- 업무 내외부에서 네트워크를 만들어라.

제가 직장생활하며 본 거의 대부분의 사람이 '회사와 자신의 분리'부터 제대로 하지 못했습니다. 왜 그런지 개개인과 이야기 나눠본 적은 없어서 모르겠습니다. 다만 저 자신을 돌이켜보자면 '회사생활 말고는 내세울 것이 없어서'였던 것 같습니다. 하루 종일, 그렇게 반평생을 직장에 충성하다 보니 자연스레 내가 회사라고 생각하는 경향이 생겼습니다. 이 현상은 고위직으로 갈수록, 근무 기간이 길어질수록 더하더군요.

자신의 분야에서 최고가 되고 네트워크를 만드는 것은 중요합니다. 이건 회사가 아니라 자신의 것을 남기는 것이니까요. 회사와 분리되었을 때 내 손에 남는 것이 필요하니 중요합니다.

오너 일가가 아닌 한, 그리고 돈이 너무 많아서 회사 대주주라도 되지 않는 한 우리는 언젠가 회사를 떠나야 합니다. 이직이든 정년퇴직이든 어떤 형태로든 말이죠. 회사를 다니는 동안이야 임직원으로서 충실해야겠지만 평생을 책임져주진 못한다는 걸 항상 인식해야 합니다. 저도, 그 차장님도 잠깐 그걸 잊었던 것 같습니다. 한발 더 나아가 저는 학교의 연장이라고도 생각했던 것 같습니다.

고등학교 다음에 대학교를 갔고, 이어서 회사학교를 입학했으니 선생님(회사 상사)의 말씀을 잘 들으면 다음 순서로 자연스레 넘어갈 줄 알았습니다. 그런데 아니더라고요.

회사를 다니면서도 늘 다음을 준비하는 수밖엔 없습니다. 이직이든 퇴직이든 창업이든 늘 준비하고 있어야 합니다. 기왕이면 자신이 좋아하고 잘하는 일이면 좋겠죠. 사람마다 다르기에 이건 왕도도 없습니다. 이 사실을 먼저 인지하고 움직이는 사람이 유리할 겁니다. 한창 올라서 난리인 부동산이나 주식보다 우리가 더 집중해야 할 주제인지 모릅니다. 부동산의 예측은 어렵지만 우리의 퇴직은 확정적이니까요.

승진에
연연하는

당신
에게

연말연초에는 대부분의 회사에서 승진인사와 조직개편 등이 이뤄집니다. 이즈음이면 뭔가가 정리되고 새로운 마음으로 (뭐가 새로운지는 잘 모르겠지만) 채찍질을 하고 (또는 당하고) 그러죠. 몇 년 전 저는 꽤나 큰 성과를 냈기에 승진에 많은 기대를 했더랬습니다. 그런데 주르륵 미끄러졌죠. 아하핫! 웃음밖에 안 나오더군요! 마음 졸이며 기다렸던 몇 달이 순식간에 물거품이 되어버렸습니다.

집에 터벅터벅 걸어오면서 또 많은 생각을 했습니다. 문득, 제가 살면서 겪었던 승진 에피소드들이 떠올랐습니다. 승진이 얼마나 웃기고, 다이내믹하며, 당사자의 손을 떠나 있는지 얘기하고 싶더군요. 아마 회사마다 다 다를 터이니, 어느 정도 체계가 잡힌 대기업도 저렇구나 하면서 봐주시면 될 것 같습니다.

1. 입사 3년 차에 초고속 승진을 해보다

앞서 언급한 통신 대기업에 들어와서 기업고객 영업을 2년 하고서는 신사업추진본부로 이동하게 되었습니다. 당시 회사는 피어그룹Peer Group이라고 해서 직급을 묶어서 승진 발령을 냈습니다. 직급체계가 5급(사원), 4급(대리), 3급(과장), 2급(부장), 1급(임원)의 형태였고, 공채 신입사원으로 입사하면 5급부터 시작하게 됩니다. 5급에서 4급으로 진급하는 데는 보통 4~5년이 걸렸습니다. 어느 회사나 그렇지만 여기도 '항아리 구조', '인사적체' 그런 단어들이 항상 따라다녔죠.

입사 3년 차인 저를 포함해서 제가 속한 부서는 5급 사원이 총 3명이었습니다. 같은 급이 평가를 같이 받기 때문에 고과는 이미 S, B, C로 정해진 상태였습니다. 제 아래 후배가 1명 있었고 제 위에 선배가 1명 있었습니다. 그래서 저는 아주 특별한 일이 없는 한 B가 예상되는 상황이었습니다.

그런데 한 10월쯤이었나, 제 동기가 있던 부서가 갑자기 없어지며(?) 그 동기와 몇 명이 저희 부서로 떠내려오게 됩니다. 난파선을 타고 온 동기 덕에 5급 직원이 1명더 생겼습니다. 고과도 SBC에서 SABC로 변했습니다. 제선배야 원래 S지만, 저는 쓸려온 동기 덕에 B를 받을 걸 A를 받게 되었습니다. 회사에 이상한 암묵적 룰이 있어서, 난파선을 타고 온 동기보다는 원래 있던 자에게 우선권을 주더군요. 막내와 선배는 그대로인데 저는 한 칸이 올라 A가 되었습니다.

고마운 일이긴 한데, 이것만으로는 그렇게 다이내믹한 변화가 없습니다. 그런데 연말이 되고 평가 철이 되자 약속이나 한 듯 SABC를 나눠주고 나서, 아주 재미있는 상황이 벌어졌습니다. 아무도 예상치 못하게, 승진 티오가 2개가 내려온 겁니다. 원래 당연히 1개만 오는 것이었는데 내년 조직개편 때 현재의 조직이 없어진다고 해서 보살핌

(?) 차원에서 티오가 하나 더 온 것이죠.

S를 받은 제 선배는 원래 승진 대상이지만 티오가 하나 더 내려왔으니 본부 내에 1명이 더 선발될 수 있게 되었습니다. 5급이었던 다른 선배 몇과 제가 물망에 올랐습니다. 저는 당연히 기대도 하지 않았습니다. 그런데 저도 몰랐는데, 직전 고과가 동점일 경우 다음으로 보는 게 '자격증 보유'였다고 합니다. 그때는 이런 규정이 있는 것도 몰랐습니다. 저는 당시 정보처리기사, 오라클 DB 자격증 등을 가지고 있었는데 선배들은 자격증이 없었던 모양입니다.

승진인사 발표날은 13년이 지난 지금도 기억납니다. 구내식당에서 밥을 먹고 있는데 핸드폰 문자가 빗발쳤습니다. 사내 메신저도 난리가 났습니다. 저도 몰랐고, 제 팀장님과 담당 임원도 몰랐습니다. 그렇게 저는, 특별한 성과도 없이 정말 순수하게 운 하나로 승진하게 됩니다. 동기들과 선후배들의 엄청난 부러움과 질투를 받으면서요.

2. 그리고 계속 승진에 밀리다

별로 한 것도 없는데 승진이 되어버리니, 우쭐하고 자

시고 할 것도 없었습니다. 왜 되었는지도 모른 채 어리둥절했고, 나중에서야 운이 엄청나게 좋았던 걸 알게 됐으니까요. 그래서 납작 엎드려서 열심히 일했습니다. 누가 물어보면 "어휴, 운이 좋아서 되었습니다."라고 겸손히 시선을 회피했습니다. (정말로 제가 한 것도 없고 운이 좋았던 것이기 때문에 메소드 연기가 가능했습니다… 매우 자연스러웠습니다…)

희한하게도 이런 게 개인의 평가를 더 좋게 만들어줍니다. 빨리 승진을 했음에도 겸손히 있으니 주변 사람들이 참 좋아합니다. 정말로 부끄러워서 납작 엎드려 있었던 건데 말이죠. 그렇게 세월이 또 흘러, 대리에서 과장 승진할 때가 되었습니다. 빨리 승진을 한 덕에 대리 연차도 빨리 찼습니다. 이때는 욕심도 생겨서 정말 열심히 일했습니다. 그런데 사실 사원 대리 때 할 수 있는 일이라고 해봐야 그렇게 엄청날 것은 없죠. 돌이켜 보면, 일찍 오고 늦게 퇴근하기, 내 일 다 하면 남의 일도 해주기, 주말에도 나오라면 열심히 나와서 일하기, 이런 식이었네요. 요즘 기준으로는 영락없는 옛날 사람에 꼰대겠습니다만, 저게 당시 주니어인 제가 할 수 있는 최대치였습니다. 제가 스티브 잡스 같은 천재도 아니고, 일을 만들어낼 재주도 권한도 없었거든요. 그저 성실함을 보여줄 수밖에 없었습니다.

이렇게 하니 윗분들의 평가는 늘 좋았습니다. 그런데, 승진이 안 됩니다…?

"고참이 있어서 이번에는 네가 넘어가자.""너 열심히 하는 건 아는데 다음에 하자." 한 3년을 그렇게 계속 밀립니다. 슬슬 자괴감이 들기 시작했습니다.

최고는 대리 5년 차가 되던 해였습니다. 이제는 오히려 주변보다 늦어진 터라 마음이 바싹 타들어가던 때였습니다. 주변에서 저를 바라보는 눈빛이 엄청나게 의식되기 시작했습니다. 아무도 그렇게 생각하지 않더라도 쪽팔리고 부끄럽다는 생각에 움츠러들었죠. 다들 저만 쳐다보고 있다는 생각만 들었습니다.

당시 저희 부서 임원은 꽤나 솔직한 분이셨습니다. 솔직 안 해도 되는데 솔직한 게 문제라면 문제였죠. 직원들이 다 있는 데서 몇 번이고 "길 대리~ 과장되면 뭐 쏠 거야? 아하핫(물론 본인만 웃음)~"라고 말하곤 했습니다. 가뜩이나 위축되어 있던 터라, 이런 말이 정말 싫었습니다.

그렇지만 자꾸 들으니까 '그래도 나 승진시켜줄 거니까 저러는 거겠지?'라는 생각이 자연스레 들었습니다. 아무럼 임원인데 직원들 앞에서 자신 없이 저럴까 싶었습니다. 그래서 연말까지 미친 듯이 일했습니다.

그해 승진인사는 이런저런 이유로 12월이 아니라 다음 해 4월 1일에 발표했습니다. 아직도 생생합니다. 추위도 풀린 4월 1일의 저녁, 평소처럼 야근을 하고 있었습니다. 늘 '뭐 사줄 거야?'를 묻던 임원이 황망한 표정으로 사무실에 들어오더니 술 마시러 가자고 합니다. 가서는 미안하다고 합니다. 거기서 저는 정말 밝게 웃으며 괜찮다고 말했습니다. 너무 밝게 웃으면서 말이죠.

4월 1일이었으니까요. 평소에도 장난을 많이 치던 분이셔서 만우절 짓궂은 장난이라고 정말로 그렇게 생각했습니다. 아마 임원은 저를 보며 정말 괜찮은 줄 알았을 겁니다. 술자리를 파하고 나오는 길에 지인이 보내준 승진 공지를 보고 저는 자리에 주저앉아버렸습니다. 만우절 거짓말이 아니었다는 사실에 하늘이 무너지더군요. 날이 풀렸다곤 해도 밤에는 꽤나 쌀쌀했습니다. 추운데, 움직일 수가 없었습니다.

도저히 다음날 아무렇지도 않은 얼굴을 하고 출근할 수가 없어서 휴가를 냈습니다. 그리고는 한강에 가서 벤치에 우두커니 앉아있었습니다. 강물이 흘러가고, 사람들은 운동을 하고 있었습니다. 저는 현실을 도저히 믿을 수가 없는데, 저만 빼고 모두가 괜찮더군요. 해가 질 때까지 그렇게 앉아있다가 들어왔습니다. 쓰다 보니 그때가 생각나서 뭔가 짠해집니다.

이런 아픔이 있은 후, 저는 다음 해에 승진하게 됩니다. 사실 일을 더 많이 한 것도 아니고 성과가 더 컸던 것도 아니었습니다. 승진한 이유는 정말 간단했습니다. 높은 임원 한 분이 제가 승진에 떨어진 직후, "어? 맨날 늦게 있던 개가 너였어? 몰랐네. 말을 하지 그랬어?!"라고 하셨습니다. 그리고 연말에 저를 승진시켜주라고 하셨습니다. 그게 전부였습니다.

허탈하게도 그게 전부였습니다. 그렇게 저는 인생에 두 번째 승진을 해보게 됩니다.

지나고 보니 세월이 흘러가는 것이 꼭 나쁜 것만은 아닙니다. 이런저런 일을 겪고 나니, 저도 많이 강해졌죠. 저처럼 승진에 연연했던 분들에게 꼭 이런 말을 전하고 싶습니다.

1. 승진 누락이 본인 인생의 실패는 아닙니다

우리 모두는 학교를 다니면서, 주입식 교육 덕에 참 안 좋은 버릇이 생겼습니다. 승진을 시험과 동일시하는 것입니다. 시험은 어려운 허들을 넘어 제가 원하던 목표를 이루는 것입니다만 승진은 다릅니다.

승진은 회사가, 이 사람을 더 중히 쓰겠다 말겠다를 결정하는 것이라고 봐야 옳습니다. 제 능력이 뛰어나다 해도 조직이 이를 중요히 쓰지 못한다면 그만큼 조직이 손해를 보는 것입니다. 제 능력이 뛰어나지 못해 승진이 되지 않는다면 이는 억울할 일도, 화낼 일도 아니겠지요. 이게 승진의 의미입니다. 저보다 못해 보이는 자가 승진했다고 해서 화낼 일이 아닙니다. 저보다 못했는지 아닌지는 조직이 결정하는 것이고, 결국 고용자의 권한이지요. 물론 이로 인한 손해도 고용자의 몫입니다.

2. 승진 변수 모두를 마음대로 조종할 순 없습니다

앞서 제 사례처럼, 저도 모르는 사이에 얻어걸리는 승진도 있습니다. 반면, 하려고 용을 써도 안 되는 승진도 많습니다. 전지전능한 신처럼 모든 변수를 통제해서 승진할 수 있다면 최고겠지만 그런 사람은 직장에서 본 적이 없습니다. 그게 당연한 겁니다. 그러니까, 자책하지 맙시다.

3. 조용히, 묵묵히 진짜 실력을 준비하기 바랍니다

정치를 잘해서, 기회를 잘 잡아서 승진하는 경우도 많이 있습니다. 그것도 그 사람의 능력이라면 능력입니다. 하지만 정직하게 준비한 성과와 실력은 결코 거짓말을 하지 않습니다. 반드시 인정받습니다. 회사 내부가 아니라 외부에서라도요. 정작 진짜 실력을 준비하지 못했을 때가 더 문제가 아닐까요. 회사에서 인정받지 못한다고 해서 슬퍼할 필요도, 인정받았다고 해서 기뻐할 필요도 없습니다. 회사는 보수를 주고 우리를 사용합니다. 우리는 우리가 낸 성과만큼 인정받으면 됩니다. 인정받지 못한다면 당신의 시장 가격을 다시 확인하면 됩니다. 밖에서 말이죠.

뭐라도 아는 것처럼 주저리주저리 적었습니다만, 사실 이 모든 말은 제가 저한테 하는 말이기도 합니다. 저도 그때는 속이 많이 쓰렸거든요. 며칠 술도 마시고, 자학(?)도

하면서 제가 저를 설득해 보고자 생각한 것들이니, 조금이나마 도움이 됐으면 좋겠습니다.

가축은
뇌가

작아진다고
합니다

회사 다니다 보면 매일매일이 똑같습니다. 아침에 일어나서 출근 준비하고, 콩나물시루 같은 지하철 속에서 유튜브 좀 보다가 사무실에 도착합니다. 하루 종일 탈탈 멘털이 털리고서 다시 콩나물시루를 타고 집에 옵니다. 방전되어 가는 몸을 누이고, 과자나 먹으며 넷플릭스 좀 보다가 기절을 5번 하면 주말입니다.

그래서 많은 사람들이 여행과 같이 일상에서의 탈출을

원하죠. 저도 그랬습니다. 그런데 코로나가 터지고 여행도 요원한 이야기가 되어 새로운 탈출을 하려 노력하고 있습니다. 요즘 관심을 두는 건 자연 다큐멘터리 같은 걸 찾아보는 겁니다. 다큐가 재밌으면 늙은 거라고 하던데 저도 그런 걸까요. 사실 콘크리트 덩어리(아파트부터 회사 건물까지) 속에서만 살다 보니 흙을 밟을 일도 없고, 자연을 접할 일노 없죠. 그래서 모바일 화면으로 자연의 신비를 느끼고 있습니다.

최근에 아주 흥미로운 이야기를 보았습니다. 바로 뇌에 대한 이야기입니다. 뇌는 엄청난 에너지를 소비하는 기관이라고 합니다. 무려 우리 몸의 전체 에너지 중 20%를 쓰고 있다고 하네요. 이건 사람이나 동물이나 마찬가지라고 합니다. 하긴, 앉아서 머리 쓰는 일을 하는 사람들이 고열량 음식을 간식으로 많이 먹는 경우가 많죠. 스트레스 받아서 단것이 당긴다는 표현이 틀린 말은 아니었던 모양입니다.

그런데 재밌는 지점은 다른 데 있었습니다. 야생동물 중에 가축이 된 사례는 주변에 많이 있습니다. 개는 늑대를 길들인 것이고 소와 닭도 야생을 길들인 것인데요. 이렇게 가축화된 동물은 뇌의 크기가 야생일 때보다 더 작아진다고 합니다.

야생에서는 살아남기 위해서 뇌를 훨씬 많이 씁니다. 먹이가 어디 있을지 끊임없이 살펴야 하고, 천적에게서 숨어야 합니다. 신경 쓸 게 너무 많은 거죠. 그러니 머리를 계속 써야 합니다. 에너지가 많이 들지만 투자를 해야 합니다.

그러다가 가축이 되어 사람이 길러주면 신경 쓸 것이 확 줄어듭니다. 사람이 재워주고 천적에게서 보호해주고 먹이를 줍니다. 가축은 에너지 소모가 극심한 뇌를 많이 사용할 필요가 없습니다. 뇌로 갈 에너지를 다른 곳으로 돌리는 게 생존에 유리합니다. 키워주는 사람에게 잘 보이는 게 생존에 유리하니 빠른 시간에 살을 찌우고, 알을 많이 낳을 수 있도록 변화하는 게 더 좋죠.

이렇게 변화한 가축을 다시 야생으로 보내면 생존 확률은 거의 제로에 가까워진다고 합니다. 가축의 조상들이야 살벌한 야생에서 살아남는 방법을 유전자 레벨로 기억하고 살았지만, 이들은 완전히 다른 종이 되어버린 것이죠. 야생에서는 바로 도태되고 일부만이 살아남아 다시 야생 종으로 진화할 겁니다.

뜬금없이 소와 닭 이야기를 꺼낸 건, 저는 이 과정이 소름 돋도록 우리 월급쟁이와 같다고 느꼈기 때문입니다. 회사를 오래 다니다 보니 저도 제가 축사 안의 가축같이 느껴질 때가 있습니다. 지나친 자기 비하 아닌가 싶지만, 몇 년 전 실제로 사축(社畜)이란 말이 있었던 것을 보면 다들 비슷한 생각을 하는가 봅니다.

야생 닭, 아니 야생 길진세라넌 회사 밖에서 살아갈 수 있는 여러 가지 준비가 되어있어야 합니다. 먹이를 구할 능력이 있고, 저를 잡아먹을 수 있는 천적으로부터 스스로를 지킬 수 있도록 날카로운 이빨과 손톱이라도 있어야죠. 가족을 지킬 수 있는 안전한 둥지도 필요합니다. 회사라는 울타리가 없어지면 저는 이 모든 걸 할 수 있을까요? 자신이 없습니다. 아마 바로 잡아먹히지 않을까 싶네요. 혹은 굶어 죽던가.

이렇게 생각하면 제가 너무 초라해지니 혼자 핑계도 대봅니다. 어찌 보면 이는 야생에서 살아가는 법을 배우지 못한 교육 과정 탓도 크다고요. 정규 교육 과정 속에서 야생의 생존술을 배운 게 없는 것 같습니다. 야생은 그저 책으로나 보던 먼 나라 이야기였달까요.

이쯤 되니 야생에 나간 닭과 소 걱정을 하다가 제 걱정이 되기 시작했습니다. 가축 걱정하고 있을 때가 아니었습니다. 저희 사육장 주인인 회사님이 영원히 저를 챙겨주실 것은 아니니까요. 저도 언젠가 야생으로 나가야 할 겁니다. 어떻게 해야 하나 고민하다가 다음과 같이 해봐야겠다고 결심했습니다.

앞으로는 사육장 밖으로 나왔다가 들어갔다가 해보려합니다. 목이라도 쭉 빼서 사육장 밖은 어떤지 관찰하고, 밖에 어떤 맹수들이 우글거리는지 보고 대비하려고요. 피부가 두꺼워지던, 손톱이나 이빨을 기르던 제 몸을 지킬무기를 준비해야겠다고 생각했습니다. 그게 뭐냐고요? 어떻게 하면 되냐고요? 방법은 있겠지만, 우리가 천편일률적으로 준비할 순 없다는 게 문제입니다. 이 글을 읽는 누구는 여우, 누구는 두더지, 누구는 토끼… 다 다른 동물일테니까요. 땅을 파서 숨던, 다른 동물을 잡아먹고 살던 자신에게 맞는 방법을 찾아야겠죠.

저는 회사 안에서 어느 징도 인정받으면서 두 가지 방법으로 밖을 탐색하고 있습니다. 하나는 글쓰기입니다. 5년째 꾸준히 써오고 있는 브런치 글은 저한테는 큰 힘이 되고 있습니다. 통신회사에 이어 금융회사에 재직 중인 특징을 살려서 회사생활 전반에 대한 소회와 핀테크에 대한 콘텐츠를 쓰고 있는데요. 졸필임에도 많은 분들이 좋아해 주셨습니다. 이로 인해 다양한 기회가 열렸고 이 책 또한 그 기회 중 하나였습니다. 브런치를 보고 연락해온 몇몇 매체에 기고도 하고 있고요.

다른 하나는 강의입니다. 핀테크와 디지털 트렌스포메이션, 직장생활에 대해서 틈틈히 강의를 하고 있습니다. 그동안 제 안에 쌓인 콘텐츠를 공유하는 과정이 재미있어서 즐기면서 하는 중입니다. 회사 밖에 나와서도 할 수 있는 일인지 늘 고민하고 탐색하면서요.

뇌 이야기를 했으니 뇌로 마무리할까 합니다. 저는 어릴 때부터 머리가 크다고 놀림을 많이 받았습니다. 국민학교(초등학교가 아니라 슬픕니다) 시절 원시인 같다고 친구들이 놀려대던 게 너무 싫었던 기억이 납니다. 최근에야 알았습니다. 그 원시인들이 실제로, 현생인류보다 뇌가 컸다고 합니다!! 원시인보다 현생인류가 더 똑똑하니 뇌가 더 컸을 거라 생각했는데 반대였습니다. 야생동물과 가축의 사례처럼, 원시인들도 수렵을 하고 환경 속에서 싸워나가기 위해 뇌를 더 많이 썼던 것이죠. 뇌가 크면 야생에서 사는 게 유리한 것이니, 저는 훨씬 좋은 거였습니다. (자화자찬을 잘하면 멘털 관리에 큰 도움이 됩니다.) 놀림받던 어릴 때의 제게 말해주고 싶네요. 모두들 잘 살아남길 기원합니다. 험한 야생이지만요.

회사
고민으로

고민하지
않는 법

하루 24시간 중 우리가 회사에서 보내는 시간은 09~18시입니다. 하지만 출퇴근 시간도 회사 생각을 보통은 하게 되니 08~19시라고 봐도 되겠죠. 야근을 고려하지 않아도 우리는 24시간 중 11시간, 50% 가까운 시간을 투자하고 있습니다. 하나 놓치면 안 될 것이 있죠. 자는 시간을 제외하고 깨어있는 시간 기준으로 한다면 6시간을 잔다고 했을 때 18시간 중 무려 11시간입니다. 깨어있는 시간

중 61%를 회사를 위해 보내는 것입니다. 거듭 말하지만, 야근을 제외하고 말입니다. ^^;

이토록 많은 시간을 보내는 회사이다 보니 삶의 고민거리 대부분도 회사에서 나옵니다. 관리자와의 관계에서, 업무 성과에서, 동료 관계에서, 오늘 내가 했던 PT에서⋯. 고민거리는 무수히 많이 쏟아져 나옵니다. 자기계발서를 보면 회사에서 생긴 고민은 집에 가져오지 말고 그전에 잘 풀어야 한다고 말합니다. 하지만 그게 맘대로 될 리가 있나요. 퇴근하고 집에 와도, 우울한 고민거리는 우리 맘 한편을 꽉 쥐고 놓아주지 않습니다.

이런 고민이 있으면 집에 와도 맘 편히 쉬지 못하죠. 주말에 재미있는 곳을 가도, 다른 걸 해도 계속 생각납니다. 당연히 티가 엄청납니다. 집중하지 못하고 산만해지며, 쉽게 짜증을 내고 주변 사람들에게 투정을 부리게 됩니다. 그럴 수밖에요. 난 고민거리가 있는데, 옆 사람은 그걸 모르니.

이 모든 걸 무 자르듯 해서 퇴근 후에는 아무렇지도 않은 듯 지내고 회사에 가서만 그 고민을 계속할 수 있다면 대단한 사람입니다. 저는 오랫동안 이 경지를 꿈꾸어 왔지

만 아직 멀었습니다. 그래서 고민에 빠지는 저 자신을 잘 살펴보며 몇 가지 대책을 세워봤습니다.

1. 고민을 냉정히 분석해서, 내가 고민하면 해결되는지 판단합니다

사생활에서 생긴 고민이 아니라 회사에서 가져온 고민이라면 냉정히 생각해보세요. 포인트는, "내가 지금 이 시간에 고민해서 이 문제가 해결되는가?"입니다. 해결이 된다면, 고민해도 됩니다. 그러나 장담컨대, 그런 고민은 10%도 안 될 겁니다. 회사에서 생긴 고민의 90%는 일이나 사람과 관련된 것입니다. 이 두 가지를 제외하곤 회사에서 여러분과 상호작용하는 요소는 별로 없을 겁니다.

일 중에서는 혼자 고민해서 해결되는 것들이 간혹 있긴 합니다. 낮에 생각지 못했던 방법이 집에 와서 고민하다가 해결책이 떠오르는 경우도 있거든요. 이는 혼자 할 수 있는 범위 안에 있는 일입니다. 보고서를 어떻게 쓸까 같은 고민입니다.

그러나 대부분의 회사 업무는 혼자 고민해도 답은 안 나오고 머리만 복잡해지는 경우가 훨씬 더 많습니다. 관련 인력, 관련 부서의 행동을 머릿속으로 예측해야 하는데, 예측하면 할수록 답은 없고 변수는 많아지니까요. 혼자 끙끙 앓게 됩니다.

업무가 아니라 인간관계라면 더 답이 안 나옵니다. 평생 친구도 마음속을 다 알 수 없는데, 상사와의 갈등이나 동료와의 트러블, 사내 정치 등등의 답이 머릿속에서 나올 리가 있나요. 답답한 마음에 시인과 동화를 해봐도 해결책이 나오긴 어렵습니다. 그러니 회사 문제로 고민에 빠지면 집에 와서 10분 동안 생각해봅시다. 이 고민이 나 혼자 잘하면 될 일인가를 말이죠. 대부분 아닐 테니, 포기하고 누워버리세요.

2. 회사 고민의 대부분은 시간과 타인(또는 조직)이 해결해줍니다

저도 회사에서 가져온 고민이 워낙 거대한 것이어서 뜬눈으로 밤을 새워본 적 있습니다. 그것도 2번이나요. 대학 입시나 군대 갈 때도 밤을 새워서 고민을 안 했건만, 정말로 잠이 안 오는 경험을 하니 미치겠더군요. 이 과정에서 제가 놓쳤던 건 바로 일은 개인이 아니라 조직이 한다는 것이었습니다. 막중한 책임감으로 개인이 고민하지만, 실질적인 문제 해결은 조직이 해주는 경우가 많았습니다. 저는 '고민만' 한 거죠.

또 하나 간과한 것은 바로 시간입니다. 급할수록 돌아가라는 말이 왜 생겼는지 이제는 알 것 같습니다. 당장 제가 해결 안 하면 큰일 날 것 같은 사안도, 한 걸음 뒤로 물러나서 찬찬히 여유를 가지고 보면 별일 아닌 경우가 많았거든요. 성격이 급하고 일에 매몰되면 오히려 실수를 연발합니다.

한걸음 뒤로 물러서서 보면 '내가 왜 이런 걸로 화를 냈던가', '이게 꼭 오늘 이럴 일인가'라는 생각이 듭니다. 그렇게 여유를 가지고 보는 동안 문제가 해결되기도 합니다. 내가 뭘 꼭 하지 않아도, 그야말로 시간이 해결해주는 경우입니다. 못 믿겠다면 주변의 선후배 동료들을 둘러보세요. 저는 고성과를 내는 동료 중에 급한 사람을 보지 못했습니다. 일을 잘하는 사람은 상황을 지배하지 시간에 쫓기지 않습니다. 본인의 업무 스케줄을 본인이 조절합니다. 이렇게 하는 게 일을 잘하는 것이라는 말도 맞지만, 이렇게 하기 때문에 일을 잘한다는 것도 맞는 말입니다.

　나이가 들수록 회사에서 관여당하는(?) 일이 많아집니다. 아는 것이 많아지고, 할 줄 아는 것이 많아지니 여기저기서 일을 맡기게 됩니다. 일을 주는 사람 입장에서도 자기가 편하려면 저 사람에게 맡기는 게 좋다는 경험치가 있기 때문이죠. 그래서 몇몇 직장인들이 하소연하는 '바로 그 상황'이 연출됩니다. 바로 '일하는 놈만 더 하게 된다'라는 슬픈 진리요. 뭐, 좋습니다. 그렇게 해서 인정받고 승승장구하면 되죠. (인정 못 받고 승승장구는 안 되면서 일만 하는 경우가 훨씬 많다는 건 안 비밀입니다. ㅜㅜ)

　바쁘게 살다 보면 일과 생활이 점점 겹치기 시작합니다. 퇴근을 했는데 업무 카톡에 답하고 있고, 본부장님이 주신 자료를 보면서 출근하다가 메일을 보내는 식입니다. 통화/문자/메일의 3단 콤보가 퇴근 후에도 계속 이어집니다. 퇴근 후 집에서 쉬면서도 회사 일을 계속 생각하게 되고, 업체에서 온 전화받으며 언성을 높이기도 많이 하죠. 쉬면서도 회사 생각, 일 생각을 합니다. 회사에서 잘 안 풀린 일이 있으면 집에 와서도 자꾸 그 생각이 납니다. 표정은 굳어지고 매사에 날카로워집니다. 괜히 가족에게 신경

질도 내게 되죠. (저만 그런 줄 알았는데 의외로 이런 분들 많으시더라고요.) 그런데 이게 악순환을 부릅니다. 반대로 집에서 재충전을 제대로 하면 선순환이 일어납니다. 그 이유는 회사 일의 거의 대부분이, 사람들과 부딪히고 물어보며 고민해야 풀리기 때문입니다.

지난날을 돌이켜보면 집에서 안 해도 될 고민을 하며 보낸 시간이 너무 많습니다. 너무 아깝습니다. 지금 생각해보면 그때 그 고민할 시간에 더 건설적인 뭔가를 할 수 있었을 테니까요. 땀 흘리며 운동도 좋고 넷플릭스 정주행을 해도 좋고, 게임 삼매경에 빠져도 좋으니 회사 생각은 접어두시길 간곡히 권합니다. 집에서 고민 하나 안 하나 똑같습니다.

4. 내 마음의 평안을 찾는 데 집중합니다

20대일 때 저는 '행복'의 정체가 궁금했습니다. 돈이라고 생각하기 쉬운데, 일단 그렇게 단정하면 저는 이미 너무 불행하다는 결론이 되는 터라(가난했습니다 ㅜㅜ) 인정하기 싫더라고요. 이런저런 경험을 하며 제가 깨달은 것은 '행복하고 불행한 건 다 내 속에 있구나' 하는 거였습니다.

구체적으로 말하자면 제가 저를 너무 몰랐습니다. 여러분은 여러분을 얼마나 아세요? 테스 형이 너 자신을 알라라고 하신 건 틀린 이야기가 아니었습니다. 인간은 2,420년 전이나 지금이나 발전이 없나 봅니다.

자신이 언제 기분이 좋은지, 언제 기분이 나쁜지 냉정하게 제3자의 시각으로 보신 적 있나요? 우리는 드라마를 보면서 공감도 하고 욕도 하고 합니다. 시청자로서 제3자가 되어서 등장인물들을 보기 때문입니다. 그런데 정작 우리 자신을 객관적으로 보진 못하죠.

회사나 집에서 난 왜 화가 났던가, 내가 기분이 좋아지는 순간은 무엇인가 등등 이런 걸 잘 생각해보면 의외로 자신에 대해 몰랐던 것을 알게 됩니다. 저는 저랑 43년째 같이 살고 있는데 (…) 요즘도 깜짝깜짝 놀랍니다. 아, 내가 이런 놈이었구나 하는 자괴감과 놀라움이 매일 듭니다.

여기까지 하면 그다음에는 쉽습니다. 마음이 편해지는 일을 많이 하세요. 정리나 청소에서 기분이 좋아지는 사람, 매일 만 보를 걸으면 좋아지는 사람 등등 다들 자신만의 기분 좋은 순간이 있을 겁니다. 그런 걸 기억해두고 자신을 잘 달래는 겁니다.

저는 글 쓸 때 / 양치하고 나서 / 제가 가진 무언가를 정리하고 버릴 때 등등에 기분이 참 좋습니다. 특히 생각한 바가 논리적으로 잘 풀려서 글이 잘 써지면 기분이 좋습니다. 문장이 안 막히고 써질 때도요. 마찬가지로 기분이 안 좋을 때는 일부러 기분이 좋아질 일을 하면서 뇌를 현혹시키도록 합시다. 단, 술, 담배, 게임은 좀 아닌 것 같습니다. 끝났을 때 허무한 일은 하면 오히려 역효과입니다. 이건 정답이 없습니다. 각자에게 맞는 수단이 무엇인지 잘 찾아보세요 :)

5. 내가 가진 콘텐츠를 키웁니다 - 나의 자존감을 위해

위의 방법으로 마음의 안정을 찾을 수 있지만, 채워지지 못하는 결핍이 있었습니다. 이 정체가 무엇인지 오랫동안 고민했습니다. 그리고 얻은 결론은 '콘텐츠'였습니다. 제가 가진 콘텐츠요.

다들 사회생활을 하고 나이를 먹어가며 시간을 다른 무언가로 바꿉니다. 일단 돈이나 부동산 같은 물질로 바꿉니다. 가정도 꾸리고 승진도 하는데 이 또한 세월(나이)을 바쳐서이죠. 다들 그렇게 늙어갑니다. 지극히 평범한 삶입니다. 지금까지 인류가 살아온 방법일 겁니다. 그런데 우리 세대만의 특이점이 생겼습니다.

바로 정보가 넘치는 시대가 되었다는 겁니다. 몰라도 될 정보가 넘치고 있죠. 그중에는 '남들이 어떻게 사는가'도 포함되어 있습니다. 앞서 언급했던 것처럼 인스타그램은 비교를 통해 질투를 자극하죠. 저 집 식구들이 어디 여행 갔다 왔는지를 왜 우리가 알아야 할까요. 싫든 좋든 비교하고 비교당하는 시대로 접어들었습니다.

전통적인 방식 (돈, 자녀의 학업 성취, 내 아파트 값 등등)으로 비교하고 비교당하며 사는 삶은 소수에겐 행복하고, 다수에겐 불행한 삶을 안겨줍니다. 여기서 벗어날 수 있는 방법은 '자신만의 콘텐츠'를 얼마나 가지고 있느냐입니다. 비교하고 비교당하기 쉬운 세상이 된 것도 맞지만 비교의 기준을 바꾸기도 쉬운 세상이 되었거든요. SNS의 생각지 않은 순기능이기도 합니다.

남들과 다른 자신만의 콘텐츠가 있다면 멘털 관리에 큰 힘이 됩니다. 특히 자존감을 찾는 데 이만한 게 없습니다. 회사가 자신의 인생 전부가 아니고, 나에게 나만의 콘텐츠가 있다는 생각은 그 자체로 큰 힘이 됩니다. 그러

니 본인이 잘하거나 좋아하는, 자신만의 콘텐츠를 만드시
길 바랍니다.

사람은 생각보다 약한 생물이더라고요. 몸은 강해도 멘
털이 약합니다. 멘털만으로 보면 물고기나 아메바가 사
람보다 더 강하지 않을까 싶습니다. (멘털이란 게 없을 거 같
으니.)

누가 썼는지도 모를 블라인드앱(직장인 익명 게시판)의
밑도 끝도 없는 비방에 괴로워하고, 인터넷 댓글로 자살하
고, 회사에서 겪은 일로 하루 종일 고민하고 갈등하는 게
우리니까요. 드라마 주인공에겐 강해지라고 주문하지만
정작 자신의 상황이 되면 그러지 못하는 게 우리들입니다.

삶은 긴 레이스입니다. 건강한 멘털을 유지하며 한 번
뿐인 삶을 잘 살아내셨으면 합니다. 각자 가진 방법이 있
다면 좋겠지만, 모르겠다면 제가 쓴 방법들도 활용해보세
요. 적어도 저는 효과를 본 방법입니다. :)

3장

불편함 없이 일합니다

- 상황 대처 매뉴얼

선배와
후배,

그 간극
사이

요즘은 후배들과 말을 할 때 신경이 쓰이는 게 많습니다. 자칫하면 바로 라떼 타령이 될까 봐서입니다. 하지만 더 어르신들이라면 모를까, 저는 후배들과 세대 차이가 크지 않다고 자부합니다. (이게 라떼 초기 증상인지도요??)

변명하자면, 저도 이력서 써서 온라인 제출하느라 바빴던 세대였고, 취업이 어려워서 힘들었던 세대입니다. 호랑이 담배 피우던 시절에 입사하신 형님들 세대나 '데모만

해도 취업이 가능'했지, 저는 별 다를 게 없었거든요. 쓰지도 않을 영어 공부하며 토익점수 만들기에 바빴고, 자기소개서를 복사기처럼 찍어대며 심각한 현타가 오기도 했죠. 취업 재수생들은 넘쳐나고 '어, 저 형 분명 작년에 졸업한 줄 알았는데' 학교에서 계속 보는 상황, 익숙합니다.

솔직히, 그렇게 어렵게 노력해서 들어간 회사다 보니 감사한 마음이 컸습니다. 뭐 그렇다고 '아이고 회사님! 평생을 다 바치겠습니다'라는 건 아니었습니다. 다만 회사와 내가 충돌하는 지점에서 개인이 양보하는 경향이 컸던 건 사실입니다.

이는 입사하고 느꼈던 분위기 때문이기도 했습니다. 제가 입사한 2006년에는, 선배들 모두가 회사를 우선시했습니다. '회사님 충성충성'하는 분위기 자체가 훨씬 심하기도 했고, 무엇보다 IMF를 겪은 세대였으니까요. 당시 유행했던 자기계발서를 보면 '회사에서 승부를 볼 것'을 강력하게 주문했고, 회사원으로서 노력해서 임원까지 가는 것이 최선의 길임을 강조했습니다. 이런 기조가 '88만원 세대' 이후 급격히 바뀌었고, 요새는 한발 더 나아가 '퇴사', 'Yolo', 'FIRE'가 대세가 됐죠.

충분히 이해합니다. 지금 취업해서 들어오는 세대를 보면 정말 많이 다르다는 걸 느끼고, 그 '다름'이 이해가 갑니다. 신입사원으로서 회사에 뼈를 묻을 각오를 한다는건, 회사 또한 거의 평생직장이어야 한다는 건데, 요즘 그런 직장이 어디 있을까요. 오래 다닌 저도 살얼음판이라고 느끼는 마당에, 신입사원들에게 로열티를 강요하기는 어렵다고 봅니다.

이런 마인드의 젊은 친구들과 저보다 과거에 들어온 선배 세대가 같이 회사를 다니고 있으니, 양쪽 모두 불만이 쌓이고 갈등이 생기지 않을 수 없습니다. 저는 양쪽 모두 이해가 갑니다. 그러다 보니 별별 상황에 다 빠지게 됩니다.

한번은 친한 후배가 고민 상담을 해왔습니다. 본인이 연초에 올린 휴가 계획을 팀장이 컨펌했었는데, 가을에 막상 가려고 하니 자꾸 눈치를 준다는 겁니다. 인수인계는 잘 되었느냐, 연말에 몰아서 가면 안 되겠느냐 등을 계속 묻는데 스트레스가 이만저만이 아니라고 했습니다. 그 후배 말이 충분히 이해가 갔고, 팀장님이 잘못하고 있는 상황으로 보였습니다. 법에 보장된 권리인데 이 무슨 일인가 싶었죠.

공교롭게도 저는 그 팀장님도 잘 아는 사이였습니다. 다른 일로 같이 밥을 먹게 되었을 때 슬며시 물어봤습니다.

"그나저나 팀원들 휴가 가지고 뭐라고 했어요? 그러지 마요. 월급쟁이들 휴가 빼면 뭔 희망이 있다고."

팀장님은 긴 한숨을 내쉬며 말했습니다. 자기도 그러고 싶지 않다고요. 그런데 팀장 회의 때 본부장이 슬며시 말했다는 겁니다. 올가을은 진행되는 프로젝트가 많으니 직원들이 집중하는 모습을 보여 달라고요. 집중하는 모습과 휴가를 가는 것은 다른 문제 아니냐고 물어보려다가 관뒀습니다. 고위 관리자로 갈수록 직설적으로 말하는 분은 없습니다. 저도 경험으로 알고 있는 부분입니다.

본부장이 저렇게 말한 것이 팀 평가에 직결될 것을 예감한 팀장은, 팀원들 모두에게 가급적 휴가를 미루고 이번 가을만 늦게 퇴근하자고 읍소했다고 합니다. 하지만 팀원들의 호응은 미비했고, 팀 전체 평가가 결정될 시점인데 다들 자기 생각만 해서 팀장으로서 힘들다고 하소연을 했습니다.

어쩌다 보니 대척점에 있는 두 사람 모두의 하소연을

듣고 있자니, 양쪽 모두에게 충분히 공감이 됐습니다. 저도 주니어 시절에는 휴가 가지고 눈치 주는 팀장을 이해하지 못했습니다. 하지만 팀 프로젝트로 바쁜데 눈치 없이 휴가 간다는 후배가 있으면 이 또한 이해하지 못했습니다. 이 말은 과거의 저와 지금의 제가 공존해도 갈등은 있었을 거란 말입니다.

사실 이 문제는 정답이 있는 문제가 아닙니다. 이는 옳다 그르다의 문제가 아니라 무엇을 버리고 무엇을 얻을지, 선택의 문제이기 때문입니다. 회사를 다니다 보면 흔히 만날 수 있는, 이성적이지 않은 상황인 것이죠. 결국 선택을 해야 합니다.

위 상황의 경우, 후배는 휴가를 갈지 말지 결정해야 합니다. 휴가를 간다면 얻는 것은 말 그대로 휴가(…?)와 그로 인한 부산물(휴가 때 누구와 뭘 하기로 했느냐에 따라 관계의 돈독함과 성취감, 만족감 등을 얻게 될 테니)입니다. 잃는 것은 팀장과의 관계와 조직 내 평판입니다. 휴가를 가지 않는다면 얻는 것은 팀장의 미안함과 고마움, 조직 내 평판(휴가도 희생하고 일한다는)이고, 잃는 것은 휴가와 그로 인한 부산물이겠지요. 선택의 문제라는 것은 이런 의미입니다.

혹자는 '이 상황 자체가 말이 안 된다, 부당하다!'고 말할지 모릅니다. 직원의 당연한 권리를 이런저런 눈치 때문에 쓰지 못한다면 이는 조직과 관리자의 문제 아니냐, 이런 문제를 바로잡아야지 이것 때문에 휴가를 포기하는 상황이 맞느냐 하는 주장이죠. 당당한 논리이고 정론입니다.

그런데 신부한 표현을 여기서 쓸 수밖에 없는데요, 바로 '이상과 현실의 괴리'입니다. 기업의 이윤 추구와 개인의 권리 추구 사이에서, 때로 우리는 이런 괴리를 만날 수밖에 없습니다. 그리고 이런 선택의 문제에서 가장 안타까운 것은 어떤 걸 선택해도 잃는 것과 얻는 것이 생길 수밖에 없다는 점입니다.

조직이냐 개인이냐의 선택지 앞에서, 요즘 젊은 세대는 당연히 개인이라고 생각할 겁니다. 존중하고 이해합니다. 뭐라고 할 생각은 없습니다. 다만 이런 직원들이 많을수록 반대로 자신을 희생하고 조직에 충성하는 직원이 더 돋보이게 되는 것도 사실입니다.

불편한 진실이죠. 보통의 직장생활 관련 책에서는 절대로 말하지 않고, 드라마나 영화에서도 말하지 않는 진실.

그 이유는 공격받기 딱 좋은 말이기 때문입니다. 하지만 이와 비슷한 이슈는 많습니다. 법조 시장의 가격 차이로 인해 소송에서 가난한 사람이 더 불리할 수 있는 것이 현실임에도, 우리는 법이 만인에게 평등하다고 말합니다. 직업 선호도와 수입의 차등이 엄연히 있는데도, 우리는 직업에 귀천이 없다고 말하죠. 직원에게 주어진 당연한 권한이니 휴가는 보장되어야 한다는 말도 비슷한 맥락입니다.

이쯤에서 '아니, 그러면 어쩌라는 말인가요? 앞에서는 회사에는 최소한의 에너지만 쓰고 개인의 삶을 위해 살라고 하고는, 개인과 조직이 부딪힐 때는 항상 양보하라는 말인가요?'라는 목소리가 들리는 것 같네요. 사람마다 상황이 다르니 획일적인 답은 물론 없습니다. 제가 본 여러 자기계발서나 회사 관련 책에서도 이 문제의 답을 내놓은 건 못 봤습니다. 독자에게 시원하게 읽히는 책을 쓰려면 무조건 개인의 삶을 우선시 하라고 쓰는 게 좋겠지요. 그런데 저는 그렇게는 못 쓰겠습니다. 개인의 삶을 매번 우선시할 경우, 오히려 나중에 가서 회사에 더 많은 에너지를 뺏기는 사례를 자주 목격했기 때문입니다.

대신 직장생활을 하면서 이런 선택을 강요받을 때, 좀

더 현명한 판단을 할 수 있도록 도움이 되는 팁을 드리고 싶습니다. 바로 '최대한 많은 직장 내 정보를 가지고 있으라'는 건데요. 현실적이면서도 유일한, 그리고 강력한 팁이라고 생각합니다. 후배의 휴가 쓰는 문제로 돌아가서 생각해보자면,

- 회사가 그리고 본부가 어떤 때에, 어떤 이유로 가장 바쁜지 알고 있다면?
- 내 소속 팀장 혹은 그 위의 상사가 원하는 바가 무엇인지 잘 알고 있다면?
- 나의 휴가 사용이 다른 동료 팀원들과 어느 정도의 연결성을 지닐지 알고 있다면?
- 이번에 휴가를 가서 다소 점수를 잃더라도, 만회할 만한 다른 기회가 있다는 것을 알고 있다면?

예를 들어 이런 정보들을 미리 알고 있다면, 전략적인 처신이 가능할 겁니다.

제 선배들 세대나 지금의 후배 세대가 화성인과 금성인 수준의 차이는 아니라고 생각합니다. 그저 시대적 상황이

너무 달라서 생기는 차이로 느껴집니다. 한 템포 쉬면서 득과 실을 잘 계산해서 운신하는 것이 필요합니다. 가지고 있는 정보를 최대한 활용해서요. 업무 성과가 아닌 인간관계에서는 특히 그렇습니다. 업무야 나중에라도 더 큰 성과로 메꿀 수 있지만 사람과의 관계는 그렇지 않은 경우가 더 많으니까요.

지시가
이상할 땐

어떻게
하나요?

예전 압박면접 당시 받았던 질문 중에 이런 게 있었습니다. "당신의 상관이 잘못된 지시를 하고 있고, 그걸 알았다면 어떻게 할 것인가?"였죠. 저는 짧은 순간 고민하다가 말했습니다. 일단 상관을 최대한 설득해보겠고, 그래도 안되면 지시를 따르겠다고요. 이렇게 답변한 이유가 있습니다. 급박한 와중에 그때 제 머릿속에서는 이런 생각이 휙휙 돌고 있었거든요.

- 이 질문에서 나올 수 있는 경우의 수는 몇 개 없다. 상관이 지시를 했다 → 지시가 이상하다 → 그렇다면 상관을 설득해본다.
- 설득이 되면 다행인데, 설득이 안 되면 어떻게 할 것인가? 답은 둘 중 하나다. '따른다'와 '안 따른다'.
- 만약 '안 따른다'를 선택한다면 그에 대한 이유를 또 설명해야 할 것이다. 나는 번뜩이게 설명할만한 아이디어를 가지고 있나?

한마디로 특출 난 아이디어가 없어서 급히 소거법으로 정리해서 답변했다는 뜻입니다. 질문에 대해 어떤 점수를 받았는지, 그리고 면접관들이 원한 답변은 무엇이었는지 그때는 정말 궁금했습니다. 그러다 합격하고 나서는 자연스레 잊어버렸죠.

그런데 직장생활을 해보니 면접 때가 자꾸 떠올랐습니다. 네, 상관이 잘못된 지시를 하는 경우가 생각보다 많았던 거죠. (먼 산…) 아마도 면접관들은 여기까지 예측하고 제게 저런 질문을 던졌던 건지 모르겠습니다.

처음에는 회사 윗분들의 지시가 다 맞는 줄 알았습니다.

저는 아무것도 모르니 열심히 시키는 대로 했죠. 그러다가 회사의 프로세스에 점점 익숙해지고 나니 여러 가지가 눈에 들어오기 시작했습니다. 이걸 왜 이렇게 할까… 저게 말이 되는 건가… 이런 질문들과 함께요. 팀장님의 지시도 이상한 게 보입니다. 그러니 자꾸 팀장님과 언쟁이 생기게 되었습니다. 사실 언쟁이라는 표현도 이상하죠. 지극히 일방적인 대화가 있을 뿐이니까요.

어쨌거나 신입사원 때 몇 번 경험하고 나선 전략을 바꾸었습니다. 일단 팀장님이 많이 이상한 말씀을 하셔도 엄근진한 얼굴로 앞에서 열심히 고개를 끄덕입니다. 월급쟁이의 필수템 수첩과 펜을 꺼내놓고 열심히 받아 적습니다. 갤럭시노트나 아이패드+펜슬 조합도 좋긴 한데, 노는 것처럼 보일 수 있습니다. 실제로 회의 시 무료한 시간을 달래기 좋긴 하나 발각될 경우 후폭풍이 크니 조심해야 합니다.

윗사람이 아무리 이상한 소리를 해도 일단 면전에서는 '네네, 맞습니다!' 하고 맞장구를 칩니다. 자리에 가서 (그 '이상한 소리'의 수습 방법을) 한참 고민을 합니다. 도저히 안 되겠다 싶을 때면 며칠 뒤에 윗사람을 찾아가서 조용히 읍소를 합니다. 여기서 중요한 포인트는 되도록 1:1로 조용히 말하는 겁니다. 윗분이 방향을 바꾸느라 자신의 체면을 다치면 안 되니까요. 그러려면 주변에 보는 눈이 없어야 합니다.

좀 시간이 흐른 후 조용히 읍소하면 윗사람도 강하게 질책하긴 어렵습니다. 일단 뭐라도 해보려고 노력한 것 같아 보이거든요. 그리고 윗사람도 시간이 흐르면 감정이 가라앉고 많은 부분을 잊어버립니다. 처음 말을 꺼냈을 때와는 지시의 강도나 실행 의지가 다를 확률이 높은 것이죠.

그래서 저는 저 나름의 생존법으로 여태 이렇게 해왔습니다. 윗사람과 커뮤니케이션할 때 감정을 건드리지 않는 게 수월하다는 걸 경험으로 알았기 때문입니다. 팀원의 의견을 업무상 의견 개진으로 잘 이해하며 듣는 팀장도 있지만 그렇지 못한 팀장도 많습니다. 업무에 대한 의견임에도 자신에 대한 도전으로 이해하기 때문입니다.

사실 이건 팀장이 문제가 있는 게 맞습니다. 당연히 고쳐야 할 점입니다. 저도 어릴 때는 몇 번 직언을 날려봤습니다. 대부분 일단 '들어는' 줍니다만 거기까지였습니다. 나이 서른이 넘어가면 사람은 변하지 않더군요. 그래서 우회 전략을 개발한 것입니다. 다시 정리하자면, '일단 듣는다 → 뭐라도 해본다 → 안 된다고 조용히 말한다'의 순서죠.

너무 줏대 없는 것 아니냐는 비판이 있을 수 있겠지만, 저는 상대에 맞춰서 소통하는 거라고 자신 있게 말할 수 있습니다. 만약 윗분이 충분히 의견을 듣고 수용할 수 있는 분이라면? 혹은 조직이 스타트업과 같이 섧고 역동석이어서 열린 논의를 할 수 있다면? 당연히 그때는 처음부터 자유롭게 말할 수 있겠죠.

우리나라 사람들의 재미있는 점을 알려드릴까요? 어린이집과 유치원에서 아이들이 만나서 놀 때도 나이를 먼저 묻고 위아래를 구분한다는 거, 알고 계셨나요? 내가 너보다 형이라는 말을 네 살과 다섯 살이 나누고 있는 겁니다. 해외에서는 보기 드문 특징이라고 합니다. 상하관계 설정에 대해 어릴 때부터 자연스럽게 받아들이는 문화이다 보니, 회사에서 건설적인 논의가 어려운 겁니다. 아랫사람이 올바른 말을 하더라도, 태도나 억양 같은 본질 외적인 것이 먼저 보이는 거죠. 맞는 말이더라도 상관의 눈에는 '말하는 사람의 나이'가 머리 위에 둥실둥실 떠서 보인다고 할까요.

회사생활 노력의 최소화 측면에서, 이런 우회 전략은 큰 도움이 됩니다. 윗사람과 분쟁으로 시간과 에너지를 빼앗기는 것이 우리에게는 가장 큰 손해이니까요. 업무로 인한 스트레스는 업무를 해결하면서 같이 해결할 수 있지만, 사람과 감정으로 인한 스트레스가 생기면 쉽게 해결되지 않습니다. 장기화되면 될수록 손해입니다.

바람직한

퇴사에
대하여

저는 주로 공채 제도가 있는 회사들을 다녔습니다. 공채 문화의 특징 중 하나는 동기가 있다는 겁니다. 그리고 비교당하죠. 선배된 입장에서 봐도, 결국 비교를 하게 됩니다. 술자리에선 꽤 재미있는 화젯거리거든요. 아무개는 이러네 저무개는 저러네…. 사실 말하는 선배들도 그 나이땐 똑같았을 거면서 자신은 엄청 잘했던 것처럼 이야기합니다.

후배 중 정말 비슷한 두 친구가 있었습니다. 외모도 비슷하게 잘생겼고, 키도 비슷하고 심지어는 퇴사한 시점도 비슷했습니다. 일을 잘한 것도, 선후배 관계가 좋았던 것도 비슷했습니다. 그래서 지금까지도 기억에 남는데요.

3년 차에 한 친구는 다른 회사로 옮기며 퇴사하게 되었고, 다른 친구는 미국으로 공부하러 떠나게 되었습니다. 거의 다 비슷했던 두 후배는 여기서 차이를 보였습니다. 이직을 하는 친구는 사표를 내기 직전까지 철저히 비밀에 부쳤고 티를 내지 않았습니다. 유학을 준비하던 친구는 GMAT학원을 다니던 순간부터 조금씩 주변에 알려졌습니다. 퇴근 후 학원을 다니고 점심시간에도 공부를 했으니 사실 어쩔 수 없이 그렇게 되었죠. 그렇지만 일에 소홀함이 없도록 노력하는 모습을 보여주었습니다.

여기까지 보면 젊은 나이에 여러 가능성을 위해 최선을 다하는 청년의 모습입니다. 문제는 주변 사람들이었습니다. '유학 준비 중 = 퇴사 예정 = 나갈 사람'으로 인식하기 시작한 거죠. 후배가 열심히 일하면 '곧 나갈 건데 뭘 열심히 해?' 이렇게 말합니다. 열심히 일하지 않는 것처럼 보이면 '저 친구 곧 나간다고 대충하는구먼' 이런 소리가 나왔습니다. 어쩌라는 건지, 글로 쓰면서도 고구마 먹는 느낌이네요. 그렇지만 현실이 그랬습니다.

주변의 이런 반응은 질투와 시샘이라고 할 수 있습니다. 사실 유학은 본인 선택의 문제입니다. 그러나 우리는 정말 많이 자연스럽게 넘겨짚죠. '유학을 가네? 집에 돈이 많던가, 많이 모아두었나 보다. 부럽다.' 이런 식으로요.

난순히 유학만 그런 게 아닙니다. 퇴사는 당사자로서는 상당히 어려운 결정입니다. 마지막의 마지막까지 고민하고 진행하는 건데, 주변인은 그걸 모르죠. 그래서 남의 말을 쉽게 던집니다.

두 후배 모두 큰 어려움 없이 퇴사했습니다. 그럼 된 거 아니냐고 하겠지만 유학을 간 친구는 어드미션Admission(입학허가)을 받은 뒤부터 퇴사 전까지 나름의 많은 불이익을 받았습니다. 경력이 될 수 있는 주요 업무에서 배제된다거나 휴가나 연차 사용 시 안 들어도 될 잔소리를 들었고요, 낮은 고과를 받는 통에 성과급에도 영향이 있었습니다. 반면 이직하는 친구는 이직이 확정되고 나서 최대한 신속하게 퇴사 절차를 진행했습니다. 업무 인수인계에 들이는 시간마저 최소화하는 걸 보고, 회사 인사 담당자는 저 친구 너무한다고 나무랐지만, 제가 옆에서 볼 때는 개인으로서는 저게 나은 선택이었습니다. 오랫동안 착실히 인수인계를 진행한 유학 가는 후배는 그 노력도 인정받지 못했으니까요.

조직을 떠나게 되는 사람에게 끝까지 관심을 가지고 챙겨주는 일은 매우 드물더군요. 그러니 정말로 확실해질 때까지는 철저히 숨기고 조용히 준비하길 권합니다. 그전까지는 평생 다닐 것처럼 행동하는 게 좋습니다. 우리는 아니라고 부정하지만, 조직이든 사람이든 쭉 내 곁에 있을 것 같은 사람을 더 좋아하는 법입니다.

퇴사 관련하여 조언하고 싶은 점이 하나 더 있습니다. 퇴사할 때 기존 회사 분들과의 관계 정리인데요. 마침 최근 핫했던 뉴스가 있네요. 한 회사를 다니던 직원이 퇴사하면서 회사 앞에 거대한 현수막을 걸어 인사하고 갔다는 것이었죠.

'그동안 감사했습니다. ○○기업 퇴사 용빈이'

18일 하루 종일 온라인 재테크 커뮤니티마다 '코인 대박 퇴사자 용빈이'가 화제였다. 가상화폐인 비트

코인으로 50억 원을 벌고 퇴사하면서 15년 다닌 회사에 감사 현수막을 내걸었다는 내용이었다.…[중략]…○○기업 사옥에 걸려있는 현수막 사진까지 공유되면서 용빈이의 코인 대박 사연은 생활에 찌든 수많은 일개미들의 부러움을 샀다.…[중략]…○○기업 관계자는 "현수막을 제작한 전직 직원은 회사와 동료들에게 김사함을 표시하기 위해 사비로 한 것일 뿐, 코인 대박과는 무관한 것으로 안다"면서 "현수막도 하루만 걸려있었고 지금은 철거했다"고 밝혔다. 인터넷에 떠도는 코인 대박 루머는 사실이 아니라는 것이다.

_조선일보 기사 중에서

이 이야기가 회자되었던 건 사람들이 좋아할 만한 스토리가 고루 녹아있어서입니다. 코인 대박이냐 아니냐는 진실은 뒷전이고, 듣고 싶은 이야기가 가득 담겨있으니까요. 월급쟁이가 잭팟이 터졌더라, 그리고는 조용히 나가는 것도 아니라 모두에게 통쾌하게 이를 알리며 당당히 나갔다더라. 다들 꿈꾸는 멋진 이야기인데 이를 실제로 했으니 화제가 된 것입니다.

저는 이 이야기를 보면서 좀 다른 생각을 했습니다. 이상했습니다. 퇴사하면서 저렇게 인사하는 걸 본 적이 없거든요. 그야말로 판에 박힌 글귀의 메일만 받곤 했습니다. '정든 직장을 떠나게 되어…(중략)…한 분 한 분 찾아뵙고 인사드려야 하나…(중략)…서운한 점은 잊어주시고 밖에선 반갑게 뵙도록…' 하는 이런 메일, 한 번씩은 받아보셨지 싶습니다. 재기발랄한 스타트업이 아니고서야 웬만한 회사는 이런 중후한 메일로 인사를 대신합니다.

이분들이라고 쓰고 싶은 말이 없을까요. 그런데 왜 할 말은 안 하고 틀에 박힌 말만 하는 걸까요. 이직을 경험하기 전, 저는 퇴사할 때 거의 주상전하께 올리는 상소문 수준으로 이 회사의 암울한 미래를 읍소하고, 이에 대비하는 제갈공명 수준의 대비책을 전수할 거라 자신했습니다. 퇴사의 후련함을 곁들여서 멋들어지게 써줄 생각이었죠.

그런데 친한 선배 한 분이 다른 업계의 탑 티어 회사로 옮기게 됐습니다. 평소 개혁적이고 직설적인 분이셨던 터라 제가 꿈꾸던 '퇴직 상소문 에디션' 메일을 보내주길 바랬습니다. 그러나 남들처럼 통속적인 메일을 끝으로 인사를 다니더군요. 저와 인사할 때 물었습니다. 평소에 그런 생각 많이 하셨지 않느냐, 회사에 문제점을 알리고 가서 후배들이 더 나은 환경에서 일할 수 있게 해주시면 안 되냐, 라고요.

선배는 다음과 같이 말했습니다.

"첫째로 아무리 절절한 상소문을 써봐야 회사는 안 바뀐다. 선배들이 몇 번 하는 걸 봤는데 그렇더라. 그러니 굳이 네 귀한 시간을 거기 쓸 필요 없어. 둘째, 회사 다녀보니 고마운 사람도 많지만, 원수 같고 밖에서 만나면 그냥 두지 않을 사람도 분명 있다. 그런데 이직 과정을 경험해보니 알겠더라. 내가 만난 모두가 나의 레퍼런스를 전할 수 있는 사람들이고, 언제 어디서 어떻게 다시 만날지 모르는 게 사회야. 그래서 미운 사람에게도 웃으면서 인사했다."

여기까지 말하고 선배는 세 번째가 뭔지 알겠냐고 물었습니다. 저는 퇴사를 안 해봐서 모르겠는데 다음에 많이 해보고 대답하겠다고 했습니다. 선배는 웃으며 말했습니다.

"퇴사 그 자체만으로 충분히 부러움을 받더라. 퇴사하고 더 좋은 회사로 간다는 걸 듣고는 사람들은 더욱더 부러워하더라고. 부러워하는 모습을 보니 나도 어깨가 으

쓱했지만, 그들의 표정 뒤에 시기와 질투도 봤거든. 그래서 더 겸손하려 했다. 그게 나중의 나에게 도움이 될 것 같았어."

시간이 많이 흐른 지금 돌이켜보니, 그때 선배의 말은 모두 맞았습니다. 세상은 좁았고, 제가 입을 닫고 있어도 저에 대한 이야기는 늘 타인의 입에서 오르내리더군요. 마음속에 긴 두루마리 100개 분량으로 준비해두었던 상소문은 미개봉 상태로 쭉 있게 될 예정입니다.

건물 위에서 호기롭게 현수막을 내린 그분의 패기에 존경을 표합니다. 그리고 그분이 소문처럼 가상화폐로 수십억을 벌어 행복하게 지내시길 기원합니다. 그러나 현수막이 정말로 순수하게 감사 표시였을지는 궁금합니다. 수십만 원이 들었을 현수막 제작비, 건물사용료 대신 회사 현관에서 케이터링 커피를 제공했다면 '인사'로써는 훨씬 더 좋지 않았을까요? 본인의 의사와 상관없이, 이 분은 회사에 남아있는 분들에게 '퇴사할 때 현수막 내건 아무개'로 이미지로 기억될 텐데 말이죠. 퇴사는 끝이 아닙니다. 누구든 언제 어디서든, 또 만날 수 있습니다.

동료가

분노조절장애
라면

직장생활을 하면서 나름 다양한 사람들을 만났습니다. 신사업이라는 업무 특성상 각종 TF에 불려 다녔고 그때마다 새로운 사람들과 합을 맞춰야 했습니다. 그중 참 기억에 남는 타입이 있으니, 바로 분노조절장애 동료입니다.

제가 만났던 그분은 회사 내에서 정말 유명했습니다. 외부와 통화를 할 때 쌍욕은 기본입니다. 통화가 끝난 후에도 씩씩대며 분을 삭이지 못했고 언제나 큰 소리로 대화했습니다. 윗사람에게도 틱틱대고, 아랫사람은 짓눌러 뭉

개버리기 일쑤였죠. 이분과 업무 협의를 하는 것은 실로 대단한 용기를 필요로 했습니다. 회의실에서는 늘 고성이 오갔고, 옆자리 동료는 신경쇠약에 걸릴 지경이었습니다. 항상 화가 나있는 사람이 옆에 있다고 상상하면 조금 이해가 가시려나요.

주니어 시절, 이분을 보며 저는 겁에 질렸더랬습니다. 그런데 가만히 관찰하니 재미있는 현상이 보였습니다. 주변 사람들이 이 사람을 기피함에 따라 이분의 직장생활이 오히려 편해졌다는 것입니다.

하루 하루 불안하고 치열한 스타트업은 모르겠습니다. 그러나 사업모델이 안정적이고 시스템으로 회사가 돌아가는 중견 이상의 기업에서는 '잡음을 일으키지 않으려는' 직원들의 마인드가 강합니다. 그러다 보니 큰소리가 나고 주목받는 게 싫어집니다. 저잣거리에서 흔히 말하는, '변이 무서워서 피하냐 더러워서 피하지' 현상이 시작되는 거죠.

일을 주는 윗사람도 매일 큰소리로 대드는 이 직원에게 일을 주기 싫고, 아래 직급 사람은 일하다가 뭘 물어보기가 두려워집니다. 시키는 걸 거절하기도 무섭습니다. 이러니 큰소리로 깽판을 치면 칠수록 본인의 일이 줄어드는 현상이 발생합니다. 묵묵히 맡은 바 소임을 싫은 소리 안 하고 열심히 하는 사람에게는 일이 더 주어지는 현상이 생기고요.

물론 이렇게 난동을 부리는 직원의 회사 내 평판은 바닥을 칩니다. 그런데 보수적이고 구조조정이 흔하지 않은 회사라면 평판은 무시하면 그만입니다. 평판 하락으로 겪는 불편보단 일이 없는 편안함이 더 크니까요.

저는 처음에 이런 사람들에게 약간 연민을 가졌더랬습니다. 그래, 본인도 계속 저러면 얼마나 힘들까, 저러다 말겠지, 내가 좀 더 하자…라는 생각을 했었죠. 그런데 세월이 지나면서 보니 그게 아니었습니다.

회사 내에서 보는 분노조절장애 동료들은 대부분 자신의 문제점이 무엇인지 매우 잘 인지하고 있으며, 일부러 그러는 교활한 사람이 훨씬 많았습니다. '내가 지×을 하면 할수록 내가 편하다'라는 명제를 깨우친 것이죠. 원인을 깊이 고민해본다면 이는 한국 사회 전반에 있는 아래의 기조와 연결됩니다.

- 목소리 큰 놈의 말이 더 정당성을 가져 보인다(떳떳하니까 목소리가 클 것이라는 추정).
- 당하는 사람 중에는 같이 목소리 키워서 싸우다가 구설수에 오르고 평판 데미지를 받느니 조용히 넘어가려는 사람이 더 많다.
- 변을 치우려면 내 손이 더러워지니 싫다. 누가 치우겠지, 라고 생각하는 사람이 많다.

이후에도 몇 명의 분노조절장애 동료를 더 만나게 되었고 그때마다 매우 괴로웠습니다. 충돌할 때마다 제가 부족해서라 여기며 저를 탓하다 보니, 자존감도 많이 낮아졌고요. 그러다 점차 나이를 먹으며, 이런 타입의 동료 대처법이 생겼습니다.

1. 가능하면 아예 엮이지 않습니다

가능하면 업무적으로 최대한 거리를 둡니다. 이러니 저러니 해도 안 엮이는 게 최선입니다. 업무적으로 엮일 개연성을 차단하는 게 제일 좋겠죠.

2. 엮이게 되면 관리자와 인사팀에 어필합니다

일단 같이 일을 해야 할 상황이면 관리자에게 수시로 어필하고, 인사팀에도 피드백을 줍니다. 단순히 '난 저 사람이 싫어요~' 식의 어필은 소용없습니다. 개인의 감정으로 연결되면 어필한 사람의 대인관계 능력도 같이 도마에 오르게 됩니다.

분노조절장애 동료로 인해 회사에 업무적으로 피해가 생기는 점을 찾아 어필해야 합니다. 고객이나 협력사와의 관계에 영향이 있다든가 팀워크가 망가지는 사례면 좋습니다. 가능하면 외부인의 증언이나 메일을 준비하고, 문제 동료의 육성을 녹취하는 것도 좋겠습니다.

중요한 건 인사팀 입장에서 '직원 고충 처리'가 아닌 '처리해야 할 업무'로 받아들여지게 하는 것입니다. 이게 매우 중요합니다!!

3. 싸운다면 철저히 이겨야 합니다

웬만하면 2번에서 끝나는 게 좋습니다만, 인생사 그리 쉬울 리가 없죠. 해결이 안 될 경우 괴로운 회사생활이 계속됩니다. 자발적 분노조절장애 동료는 자연치유가 불가능합니다. 최고의 치료약은 그냥 '마동석'입니다. 얼마나 놀랍도록 순해지는지 모릅니다. 언급했듯 이러한 류의 사람들은 비열하기 때문에 강자 앞에서는 찍소리 못하면서 자신을 기피하는 동료들 위에 군림합니다. 압도적으로 강한 자가 찍어 누르지 않는 한 제 버릇 개 못 주죠. 때문에 계속 봐야 하는 상황이라면 일전을 준비해야 합니다.

3-1. 여론은 반드시 내 편으로

분노조절장애 동료의 평판은 좋을 수가 없기 때문에 이는 쉬운 조건입니다. 자신의 주변 사람들에게 어떻게 보이는지 수시로 체크하세요. 주로 듣는 말이 "어휴 어떡하니. A과장과 함께라니 정말 힘들겠다."라던가, "야야, 무시해. 그 사람 원래 그래." 등의 말을 듣는다면 청신호입니다.

A과장 대비 본인이 더 일하고, A과장보다 주변에 더 잘해야 합니다. 가장 중요한 건 주변 동료들에게 본인이 이용 가치가 더 있어야 한다는 겁니다. 결국 사람은 다 자기 위주로 삽니다. 막판에는 자신에게 도움이 되느냐만 보이게 마련입니다.

3-2. 권력과 상대방과의 관계를 주시할 것

분노조절장애 동료가 회사에서 버티고 있는 배경에는 의외로 상사와의 관계가 좋을 확률이 높습니다. 이른바 '믿는 구석'이 있는 것이죠.

먼저 믿는 구석에 대해 상세히 파악하기 바랍니다. 그 동료가 누구와 친한지, 왜 친한지 알아두어야 합니다. 저는 살면서 별별 이유를 다 보았습니다. 심지어 같은 아파트 주민이라는 이유로, 인사 담당 상무가 문제 직원을 챙겨주는 것을 본 적도 있습니다. 지피지기면 백전백승입니다. 한국 사회의 인간관계 네트워크는 변화무쌍합니다. 시간을 두고 천천히 그 동료를 살펴야 합니다.

3-3. 피해자 간 연대를 생성

저런 동료라면 나와 같은 피해자가 반드시 있습니다. 그 동료의 행적을 참고하여 피해자 간 교류와 연대가 필요합니다. 상대방이 악랄하면 할수록 많이 있으니 반드시 이야기를 나눠보세요. 이는 특정인에 대한 뒷담화와는 다릅니다. 내가 살고자 하는 발버둥이라고 봐야죠.

준비가 되었다면, 칼을 듭시다. 사무실에서 그 동료가

또 욕설로 '이 구역의 미친×는 나야'를 시전하면 같이 큰 소리로 맞받아칩니다. 필요하면 책상을 내려치거나 물건을 집어 던지는 액션도 좋겠습니다. 같이 욕을 하는 것도 (너무 가지 않는다면) 추천합니다. 문제를 키우고 끝까지 가 보겠다는 태도를 보입니다.

주변에서 '얼마나 쌓였으면 저렇겠어'라고 해주는 한편, 조직 차원에서 그냥 넘어가기 어려운 상황이 되어야 합니다. 어중간하게 끝이 나선 안 됩니다. 가능한 문제 직원의 인사발령까지 이어질 수 있도록 사태를 키우는 게 좋습니다.

학창 시절, 누가 누군가를 괴롭히는 패턴은 매우 단순합니다. 처음에는 가해자가 피해자를 툭툭 건드립니다. 가해자 본인에게는 그냥 장난입니다. 피해자의 감정 상태까지는 보이지도 않습니다. 몇 번 건드렸을 때 가만히 있으면 가해자의 머릿속에는 '얘는 이런 취급을 해도 되는구나'라는 기준점이 생깁니다. 피해자가 좋은 말로 자기를 건드리지 말라고 해봐야 가해자에게는 들리지 않습니다. 자신만의 기준점이 명확하니까요. 슬프게도 이는 성인이 되고 회사생활에서도 동일하게 적용됩니다. 여기서 이를 끊는 방법은 하나. 지렁이도 꿈틀하는 것을 보여주는 수밖에 없습니다. 학교에서도 가해자의 괴롭힘이 선을 넘은 시점에 커터칼이라도 들어서 상대방에게 들이대며 '날 건드리면 너도 피를 본다'라고 각인시키면 가해자를 제지하는 데 큰 도움이 됩니다. 선생님을 통해 대화로 해결하는 게 항상 정답이라면 왜 자살하는 학생들이 속출할까요. 회사도 마찬가지입니다. 결국 싸우지 않으면 바보가 되는 게 사회입니다.

사회에서의 인간관계는 친구가 아니고 이해타산에 기반한 관계일 뿐입니다. 분노조절장애 동료로 인해 본인의 마음을 다치는 일이 없길 진심으로 바랍니다. 하지만 행동하지 않는 한 이 문제는 절대로 해결되지 않습니다. 적극적으로 싸우고 자신의 권리를 찾지 않으면 영원히 손해 보는 게 사회입니다.

일요일 저녁마다 회사에 가기 싫은 이유가 다들 있으시겠지만, 인간관계도 큰 비중을 차지할 거라 봅니다. 저는 저런 동료와 있었던 기간이 너무 힘들고 싫었습니다. 그래서 다소 과격한 표현으로 글을 쓰게 되었네요. 주변 동료들의 평판에서 당신이 문제가 없다면, 마음을 다치지 말라고 말하고 싶습니다. 자기 행복은 자기가 얻어내야 합니다.

라떼가
라떼를

말하는
이유

요즘은 분위기가 크게 바뀌었지만, 예전에는 별별 일을 회사에서 다 시켰습니다. 주말 등산은 애교였고, 전화국에서 일할 때는 인형 탈을 쓰고 하루 종일 사탕을 나눠준 적도 있습니다. 고참 과장님의 권유(라고 쓰고 강압이라고 읽는)로 하프 마라톤에 같이 나갔을 때는 저승 문턱까지 가기도 했죠. 어찌나 체력이 좋아지던지 아하핫!! 그때를 생각하니 눈가가 촉촉해지네요.

회사는 분명 일하러 온 곳인데 일만 하게 두질 않습니다. 이것도 일, 저것도 일로 간주하며 다양한 걸 강제 경험하게 해주는데요. 신입사원이니 시키면 군말 없이 하긴 했지만 정말 힘들었습니다. 그중 저는 괴로웠지만 남들이 들으면 재밌을 이야기가 하나 있습니다.

제가 신입사원이었던 2006년은 월드컵이 핫이슈였습니다. 2002년에 워낙 빛나는 성과를 서둔 덕에 2006년에 대한 기대도 컸죠. 모든 미디어마다 관련된 이슈를 연달아 다뤘고, 기업들은 월드컵과 연계된 광고를 하기에 바빴습니다. 어디든 붉은 물결이 넘실거렸죠.

그런 월드컵 열풍과 맞물려 전국적으로 유행한 또 하나의 밈Meme(유행하는 특정한 컨텐츠와 문화요소)이 있었습니다. 바로 꼭짓점 댄스입니다. 기억하실지 모르겠는데, 배우 김수로가 '오 필승 코리아' 노래에 맞춰서 추던 그 춤, 집단 군무의 광풍이 전국을 휩쓸었습니다.

한국어 위키백과의 '꼭짓점 댄스'를 찾아보면 다음과 같이 설명하고 있습니다.

"꼭짓점 댄스는 영화배우 김수로가 선보인 댄스로

여러 명이 피라미드 대열로 서서 흔들기, 걷기, 찍기, 돌기 같은 단순 동작을 반복하는 일종의 군무다. 2006년 대한민국에서 월드컵 공식 댄스로 만들자는 서명 운동이 네티즌들 사이에서 일어났고 이를 계기로 '오 필승코리아' 버전이 따로 나왔다. 병영과 인터넷을 중심으로 춤을 배우는 열기가 일어났으며 월드컵 응원에 이 댄스를 활용하고 있다."

꼭짓점 댄스 추는 법은 아래와 같습니다. 글자로 써놓고 보니 심히 오글거립니다.

	동작	방법
1	준비동작 (흥돋우기)	다리를 어깨너비로 벌리고 시선은 45도 각도로 고정한다. 한쪽 팔을 들고 흥을 타면서 한쪽 다리로 바닥을 쿵쿵쿵 찍어 준다.
2	첫 번째 동작 (전진, 후진, 찍고 찍고)	노래가 나오면 팔과 다리를 동시에 벌리면서 흥을 타다가 하나, 둘, 셋 앞으로 전진 후 찍고 다시 뒤로 하나, 둘, 셋 후 방향을 튼다. 네 방향으로 반복한다.

3	두 번째 동작 (목 반동, 손 뻗어 쭉쭉)	손가락 방향과 시선을 45도 각도 위로 향하면서 옆으로 쭉 나간다. 목 반동을 약간 준다.
4	마지막 동작 (강약약약 마름모 스텝)	마름모 만들기. 첫발의 스텝을 강하게 내딛는다. 팔을 쭉쭉 뻗으면서 시선을 과감하게 처리한다.

잘 모르시겠다면 유튜브를 찾아보면 확실히 이해하실 수 있습니다. 저도 오랜만에 다시 찾아봤는데요, 강산이 두 번 변해가고 있는 마당에 보니 정말로 손발이 없어져 버리는 느낌이네요.

갑자기 왜 이 이야기를 꺼내나 싶으실 겁니다. 회사생활과 무슨 연관인가 싶으실 텐데 불행히도 상관이 생겨 버렸습니다.

당시 지역본부에서 '꼭짓점 댄스 경연대회'를 하겠다는 공지가 내려왔거든요. (실화입니다…!) 각 지사별로 대표팀을 선발해서 본부장님 참관하에 경연대회를 하겠다는 내용이었죠. 제가 있던 지사에서는 각 팀별로 대강당에서 춤을 춰서 잘하는 팀을 선발하기로 했습니다. 지사장님이 보는 앞에서 팀별로 춤을 춰야 하는 상황이니, 팀장들이 신경을 안 쓸 수가 없었습니다. 덕택에 경연대회 전까지 팀별로 꼭짓점 댄스를 연습하는 기묘한 상황이 벌어졌고, 팀의 막내인 저는 최전방에서 춤을 리드해야 했습니다. 팀 선배들이 뒤에서 저만 바라보고 똑같이 따라 하는 거죠. 지금이야 웃으며 추억하지만 당시 신입사원으로선 엄청난 스트레스였습니다. 자기 전까지 동영상을 찾아보며 집에서 연구하다 잠드는 날이 이어졌습니다. 꿈에도 나오더군요. 이때 이후로 저는 김수로 배우를 안 좋아합니다. 트라우마란 게 다른 게 아닙니다.

대망의 그날이 되자 모든 팀들이 준비를 갖추고 강당에 모였습니다. 운동화, 청바지에 흰 티가 기본인데요. 그래도 팀별로 개성을 드러내기 위해 별별 소품을 준비하기도 했습니다. '지사장님 사랑해요' 플랜카드는 애교 수준이고, 빨간 머플러라던가 펑크 가발이라든가 다양했습니다.

그런데 조금만 생각해보면 어떻게 전개될지 그려지지 않나요? 기승전결도 없는 똑같은 댄스를 수십 개 팀이 똑같이 추는 겁니다. 기획팀, 영업팀, 운영팀… 사회자의 소개에 이어 비슷비슷한 사람들이 우르르 무대에 올라 똑같은 춤을 추고 내려가는 것의 반복입니다.

저도 혼신의 힘을 다해서 꼭짓점 댄스를 췄지만, 저희 팀이라고 뭐 그리 다를 게 있을까요. 팀이 꼴찌와 1등만 하지 않길 바랬고 다행히 둘 다 하지 않았습니다. 그때 1 등을 한 팀은 지역본부 대회를 위해 한동안 지사장님의 격려를 등에 업고 열심히 연습해야 했죠.

요즘 같으면 뉴스에 날지도 모를 이야기입니다만, 그때 는 저희 회사만 그랬던 게 아니었습니다. 다른 대기업도 꼭짓점 댄스 대회를 많이 했고 더한 것도 많았죠. 정말로 전국이 월드컵 열풍에 빠져있을 때였거든요.

지금 생각하면 그저 추억이지만 가끔 생각해봅니다. 회 사를 꽤 오래 다닌 지금의 제가 그 당시로 돌아간다면 저 는 뭔가 다른 행동을 할 수 있을까 하고요. 조직에 일침 을 놓을까요? 저 혼자 양심적 댄스 거부 운동을 할까요? 곰곰이 생각해봤는데 뭘 할 수 있는 게 없습니다. 정말 이 상한 상황이고 이상한 지시라는 걸 알면서도, 저는 또 했 을 겁니다. 그때도 정말 이상한 지시라고 생각했거든요. '현타'가 많이 왔는데 그래도 했습니다. 다른 방법이 없었 거든요.

회사 업무와 관련이 없는 이런 행사에 대해 요즘이라면

어떨까요? 요즘 분위기라면 아마 극렬히 저항할 겁니다. 직장인 익명 커뮤니티 앱에 올라간 글이 전국적으로 화제가 될 테고, 각 언론마다 앞다투어 '아니, 요즘도 이런 회사가!'라는 논조의 기사가 쏟아지겠죠. 불매운동이 일어날까 전전긍긍하던 회사는 마침내 대표이사가 사과까지 하게 되는… 이런 모습이 그려집니다. 기업 홍보팀에서도 이런 시대의 흐름을 알고 있으니 철저히 단속할 테고요.

사회가 점점 발전하는 것이라고 생각합니다. 과거 상명하복 문화는 사라져가고 합리적이고 수평적인 커뮤니케이션이 자리를 잡아가고 있습니다. 긍정적이라고 생각합니다. 다만 궁금한 건 이겁니다. 지금의 신입사원들이 저 시대로 돌아간다면 달랐을까요? 여러분은 어떻게 생각하세요? 저는 누가 저 시절로 돌아가든 마찬가지였을 거라 생각합니다. 아마도 저처럼 김수로 배우를 싫어하게 되었을 겁니다.

베스트셀러 『90년생이 온다』 이후로 세대 간 차이에 대해 관심이 많아지고 있습니다. 저도 회사란 조직 안에서 이를 흥미롭게 지켜보는 중입니다. 하지만 무슨 현생인류와 크로마뇽인의 차이도 아니고, 제가 볼 때는 다 그냥 똑같은 사람입니다. 다만 70년대 생과 90년대 생의 차이가 크게 느껴지는 건 그만큼 사회적 변화가 크고 삶 전체로 녹아든 디지털의 영향 탓이 크지 않을까 생각해봅니다.

사실 저처럼 위에서 시켜서 꼭짓점 댄스를 했던 세대에게는 그게 옳은 명령이든 아니던 조직의 지시에 복종했던 경험이 있기 때문에, 아래 세대에게 이를 자연스레 기대하는 경향이 있습니다. 항변을 하자면, '강요'가 아닌 '기대'입니다. 세상이 바뀐 것도 잘 알고 있고 그런 문화가 변해야 한다고도 생각합니다. 그러나 본전 생각과 함께 다소 억울한 마음이 드는 것도 사실입니다. 그래서 라떼 타령이 나오는 겁니다. '나는 이런 것도 했는데 넌 왜?'라는 거죠.

전국의 수많은 라떼 꼰대들을 옹호할 생각은 없습니다만, 이를 '이해'하려는 생각은 가져달라고 말하고 싶습니다. '아니, 내가 왜 그런 걸 이해해야 하나요? 꼰대들이 마음을 고쳐먹지 않으니 문제 아닌가요?!'라고 한다면, 라떼 꼰대 역시 똑같은 논리로 답하겠죠. '아니, 내가 왜 그런 걸 이해해야 하나요? 요즘 애들이 이기적이고 기성세대를 존중하지 않아서 생기는 문제 아닌가요?!'라고 말입니다. 서로가 이런 논조로 대응한다면 세대 갈등만 심해질 뿐 대화는 이어질 수 없습니다.

　라떼 꼰대의 말을 무조건 수용하라는 게 아닙니다. 다만 왜 저렇게 말하는지 이해하려는 태도를 지니고 있다면, 그런 태도가 은연중에 상대에게도 드러난다는 게 핵심입니다. 막무가내식 꼰대와 대화의 의지를 지닌 꼰대를 우리가 구별할 수 있고, 그에 따라 우리의 태도가 바뀌는 것처럼요. 그 순간 한층 더 유연하게 상황에 대처할 수 있는 여유가 생길 겁니다.

꼰대와
라떼라는

말의
무서움

몇 년 전 봄의 이야기입니다. 풀리는 날씨만큼 한가로우면 좋겠지만 엄청나게 바쁘던 시절이었습니다. 나름 큰 프로젝트를 하게 되면서 정신없이 보냈는데요. 당시 겪은 내적 갈등(?!)을 소개코자 합니다.

일이 긴급하게 진행하게 되다 보니, 여러 회의가 동시다발적으로 이뤄지던 상황이었습니다. 도움받을 일이 있어 다른 팀의 후배와 함께 이른 아침부터 회의를 하게 되었죠. 회의 말미에 그 후배에게 과거 프로젝트 자료를 부탁했고, 퇴근 무렵이 되어서야 자료 메일이 도착했습니다. 피차 바쁜데 빨리 못 주는 것은 충분히 이해합니다. 저도 바빠서 그런 것 따질 여유도 없었고요. 그런데 메일을 받고 나서 저는 뒷목이 뻣뻣해지는 것을 느꼈습니다.

메일은 수신인TO은 저로, 그 후배의 팀 전체를 참조CC로 해서 왔습니다. 제목은 '[전달] ~~프로젝트 파일'이었습니다. 첨부파일이 1개 있었고, 본문에는 아무 내용이 없었습니다.

네, 백지였습니다.

클릭해보고 '어라?' 싶었지만 '아, 뭔가 잘못 보낸 것이겠구나' 싶어 조금 기다렸습니다. 아웃룩 '회수' 기능으로 다시 보내지 않을까 싶어서요. 그런 건 전혀 없었고 사내 메신저를 보니 그 후배는 이미 퇴근했더군요.

저랑 매우 친한 후배였다면 이해하겠는데 회사 안에서 말 몇 마디 못한 후배였습니다. 좀 많이 충격이었습니다. 바빠서 내용을 못 쓰겠다면, 사내 메신저로라도 "보내드렸습니다! 수고하세요!" 이렇게라도 말할 수 있습니다. 흔히 보는 인터넷 게시판에서도 '[냉무]'를 달아서 내용이 없다는 걸 알려주는 예절이 있죠. 저는 혼자 오만 생각을 하기 시작했습니다.

'아니, 내가 뭔가 잘못한 건가? 이건 엄청난 결례가 아닌가? 하다못해 FYI For Your Information 이라도 써야 하는 것 아닌가? 또 참조로 본인 팀을 통째로 넣은 건 뭐지?? 팀원들 보는 데서 날 먹이는 건가?? 회수할 시간은 충분히 주었는데, 뭐지?'

이후 며칠 동안 그 후배를 지켜본 바 오해는 풀렸습니다. 이 후배는 저한테만 그런 게 아니라 공평하게 모두에게 그러고 있었더군요. (뭔가 알 수 없는 안도감이 밀려왔습니다. 특별히 저만 싫어했던 건 아닌 모양입니다.) 그래서인지 일을 잘함에도 선배들이 그다지 좋아하지 않는 후배였습니다.

이상했습니다. 이 후배는 그저 이런 부분을 못 배운 것일 수도 있습니다. 주변에서 조금씩 가르쳐주면 더 많은 사람들을 자기편으로 만들며 성장할 수 있을 텐데, 저야 잘 모르던 친구이니 그렇다고 해도 다른 사람들은 왜 조언을 해주지 않는지 궁금했습니다. 그래서 그 후배와 오랫동안 같이 일하고 있는 다른 동료에게 물었습니다. 저랑 비슷한 연배여서 편히 지내는 사람입니다. 왜 이런 부분을 케어하지 않느냐 물었는데 돌아온 답변은 의외였습니다.

"아이고, 말도 마. 요즘 젊은 친구들에게 함부로 충고하면 꼰대, 라떼로 뒤에서 찍혀. 나도 그 친구 좋아하지만… 쓴소리 듣고 싶어 하는 사람이 누가 있어? 괜히 나서서 말했다가 굳이 젊은 사람들 뒷담화에 올라갈 필요 없잖아? 그리고 막말로 내 친동생도 아닌데 내가 뭐 하러 굳이 그렇게까지 해? 그럴 시간 있으면 주식 한 번 더 보고 부동산이나 더 보겠네. 자네도 괜히 오지라퍼 되지 말고 하던 일이나 해. 좋은 소리 못 든다고."

동료의 말은 제게 꽤 충격이었습니다. 아, 이 친구도 속으로는 이렇게 생각하고 있었구나…. 다들 이런 생각을 하는구나 싶었습니다. 그리고 동시에 뜨끔했습니다. 제 속마음도 들킨 것 같아서요. 저도 은연중에 같은 생각을 하고 있었습니다. 사실 저 메일을 받고 열 받아서 바로 전체회신을 보낼까 싶었고(참교육 시전??), 다음날은 잠깐 불러서 커피라도 사주면서 이야기 할까 생각했습니다. 그러다가… 접었습니다.

'내가 왜 굳이 내 아까운 시간과 노력과 커피값을 써가며 내 평판에 상처날 수도 있는 짓을 하나?'라는 생각을

저도 했거든요. 그리고 저 친구가 무슨 짓을 해도 '하하하' 웃어주며 그냥 좋은 이미지로 남는 게 더 좋을 거라는 생각을 했습니다. 그게 후배의 회사생활에 장기적으론 독이 될 줄 알면서도 말이죠. 후배들에게 '꼰대'나 '라떼' 선배로 찍힐까 봐 무서웠습니다.

꼰대라는 말은 예전에도 있었습니다. 꼬장꼬장한 어른, 특히 아버지를 낮춰 부르는 표현이었던 걸로 기억합니다. 그런데 언제부터인가 꼰대라는 말이 회사의 나쁜 선배를 통칭하는 말이 되었습니다. 그리고는 '라떼는 말이야Latte is horse!'가 등장했죠. 외국인이라면 어리둥절할 이 표현은 젊은 사람들에게는 통쾌함을, 나이 든 사람에게는 침묵을 안겨주었습니다. 네, '침묵'입니다. 라떼와 꼰대는 마법의 단어거든요.

후배는 '꼰대'에게 뭔가를 배우거나 '라떼'와 어울리고 싶지 않아 합니다. 그렇게 '구분 완료'된 선배를 대하는 후배의 태도는 당연히 변해갑니다. 후배가 선배를 재단하고 평가하는 것은 후배들의 자유입니다. 문제는, 티가 납니다. 선배가 그걸 모르지 않는다는 거죠.

선배 입장이 되면 후배들의 마음속이 은근히 보입니다.

못 믿으시겠다면 학창 시절 동아리 모임을 떠올려보세요. 지금 생각하면 꼬꼬마들 서열 놀이 같던 그 시절도 그랬을 진데, 십수 년을 직장생활을 하면서 그게 안보일까요. 다 보입니다. 그리고 생각합니다.

'아, 저 친구는 싹싹하고 잘하네. 키워주고 싶다.'

'아, 저 후배는 참 별로네. 굳이 시간 내서 도와줄 필요는 없겠다.'

후배들 중에도 이걸 잘 알고 활용하는 이들이 있었습니다. 영리하게 회사생활을 하는 후배들은 매사에 싹싹하고 적극적인 모습을 보이며 자신의 평판을 관리해 나가고, 그렇지 못한 후배들은 점점 회사생활이 어렵게 느껴지죠.

결국 돌고 도는 것 같기도 합니다. 꼰대 라떼들도 한때는 똑같은 젊은 신입사원이었으니까요. 꼰대, 라떼도 좋고 자기주장 강한 신입사원 다 좋습니다. 다만 선배들도 앞에선 허허 웃고 있지만 뒤에선 치열하게 손익계산을 하고 있는 걸 잊어선 안 됩니다. 그래서 꼰대와 라떼는 무서운 말입니다. 잔소리가 지나친 선배를 입 다물게 하는 긍정적 효과도 있겠지만, 진솔한 충고도 듣기 어렵게 만듭니다.

마음씨 좋은 옆집 할아버지마냥 인자한 웃음과 사랑으

로 후배를 대해주는 선배는 이제 없다고 봐야 합니다. 다 똑같은 직장인이고, 직장을 벗어나면 남인 존재입니다. 돈 벌러 온 직장에서 손익개념이 안 생길 리 있나요. 내가 챙겨주고 싶은 후배와 그렇지 않은 후배가 당연히 갈릴 수밖에 없습니다. 많은 이들이 이걸 언급하는 게 불편했던 것 같습니다. 저 또한 제가 신입일 때 이런 사실을 들었다면 욕을 했을 겁니다. "아니, 선배가 되었으면 저러면 안 되지!"라고 말이죠. 그런데 지금의 제가 과거의 저를 만난다면 꼭 말해주고 싶습니다. "나한테 무슨 도움이 되길래 내가 널 챙겨야 하니?"라고요.

삭막하죠. 압니다. 역시나 또 말하기 불편한 진실입니다. 수도권과밀화로 모두가 불편하다는 것을 알면서도 다들 서울에 살길 바라고, 학벌중심주의가 문제라고 생각하면서도 다들 명문대에 가길 원하는 것처럼요. 문제는 피할 수가 없단 거죠.

선배와의 관계를 좋게 가져가고 나아가 자신이 선배로부터 무언가 얻고 싶다면, 선배들에게 예절 바르고 겸손하며 도움이 되는 후배로 어필하면 됩니다. 물론 스트레스가 있겠지만, 얻는 것도 있을 겁니다. 앞서 말씀드렸던 저축 개념의 일환입니다. 그리고 평판과 에너지를 관리하기 위한 선택의 문제이기도 하죠. 여러분의 평판에 많은 도움이 될 겁니다.

회사생활 하면서
느낀

나만의
그랜절

몇 년 전 인기를 끌었던 천리마마트 드라마, 다들 보셨나요? 저는 예전 네이버 웹툰 연재 때 정말 열심히 읽었더랬습니다. 정글고도 그렇고 천리마마트도 그렇고, 김규삼 작가의 허를 찌르는 유머를 좋아하거든요.

천리마마트가 드라마화 된다는 소식을 접하고 여러 커뮤니티에서 궁금해했던 것이 있습니다. 빠야족을 어떻게 묘사할 것인가, 그랜절을 어떻게 보여줄 것인가 등등이 오폰 전부터 많은 화제를 모았죠. '그랜Grand절'은 극 중 주인공 문석구 점장이 마트 시찰 나온 국회의원을 상대로 보여주는 '극한의 절(공경하는 뜻으로 몸을 굽히는)'입니다. 그깟 절이 뭐라고 하시겠지만, 머리와 두 팔만을 땅에 대고서 물구나무서기를 하는 그 난이도는 상상을 초월합니다.

그랜절이란 게 실제로 있을 리는 만무합니다만, 저는 꿍상히 신선하게 느꼈습니다. 아! 그냥 절의 더 높은 단계가 있구나! 역시 천외천(天外天)이란 존재하는구나! 오오, 이거 뭔가 (×신 같지만) 멋진걸. 직장생활에서는 그랜절 같은 극한의 예법이 과연 없었던가!? 여기까지 생각이 미쳤습니다.

살면서 보아온 무수히 많은 직장생활 고수들. 그분들은 각기 자신만의 그랜절 한두 개씩은 품고 계셨습니다. 그래서 제가 보아온 직장생활 예법의 그랜절 몇 가지를 공유하고자 합니다.

일반 기준으로 보면 '아니, 이렇게까지 해야 하느냐'라는 탄식이 나올 법합니다. 또한 이 책의 주제인 '최소한의 에너지'와 안 맞는 듯도 보입니다. 뭘 이렇게까지 하느냐는 거죠.

네, 분명히 말하건대 아래 내용은 'Too much'가 맞습니다. 전부 숙지하시고 따라 하라는 의미가 아니라, 조직 내에서 평판을 쌓아나가기 위한 저축의 일환으로 신경 쓰면 좋을 '그랜절' 리스트입니다. 그러니 가벼운 마음으로 봐주시면 좋겠습니다.

1. 식당에서의 그랜절

1-1. 수저 놓기에도 디테일이 있다

이러니 저러니 해도 식당에 갔을 때 휴지 깔고 수저 놓기, 컵에 물 따르기 정도는 대부분이 다 합니다. 그런 정도는 그랜절이라고 할 수 없습니다. 회사생활 그랜절의 기본은 디테일에 있습니다. 예를 들어 착석을 하고 몇 초 만에 휴지와 수저가 놓이느냐는 매우 중요합니다. 자리에 앉자마자 즉시 수저통과 물통을 자신 앞으로 가져오도록 합시다. 내가 수저도 놓고 컵에 물도 채우겠다는 제스처입니다.

쪼잔하게 이런 게 왜 1번이냐고 물으시겠지요. 눈을 감고 상상해봅시다. 식당에 갔습니다. 자리에 앉고 메뉴를 고르는 동안, 윗사람은 아랫사람이 무엇을 하는지 다 보고 있습니다. 윗사람의 판단 기준은 무엇일까요? 바로 자신이 아랫사람일 때 어떻게 했는지입니다. 자신이 해봤고 그 귀찮음을 알기 때문에 눈여겨보는 것이죠. 메뉴를 주문하고 한참 후에야 생각난 듯 수저를 꺼내는 건 최악입니다. 잊었다고 보여도 문제이고, 느린 행동 자체도 문제입니다. 앞에 앉은 윗사람은 생각합니다. '이 친구는 내가 편한 긴가?'

식당에 들어가면 착석 즉시 행동하세요. 눈치 보고 할 것 없이 즉시 하는 습관이 들면, 제 말을 이해하실 수 있을 겁니다. 빠르게 실행하는 사람이 훨씬 더 예의 바르고 남을 배려하듯 보입니다.

1-2. 상대방에게서 시선을 떼지 말 것

여러분이 친구와 식사를 하고 있습니다. 친구가 손목시계를 본다던가, 대화할 때 시선을 잘 안 마주칩니다. 당연히 이런 생각이 들 겁니다. '가봐야 하나? 재미가 없나?'라고요. 대면 예절에서 시선 처리는 가장 중요하다고 해도 과언이 아닙니다. 다수의 모임이라면 좀 나으나 1 대 1인 경우 절대로 상대방에게서 시선을 떼지 마세요. 가능한 옷는 얼굴로 눈을 응시하는 게 좋습니다.

저는 제 윗분과 동행한 자리에서는 항상 핸드폰을 밥그릇 좌측에 둡니다. 요즘 나오는 폰들은 다들 AOD_{Always On Display}가 되어서 화면에 시간이 계속 표시됩니다. 힐끗만 봐도 됩니다. 밥숟가락을 뜰 때와 반찬을 집을 때 외에는 계속 상대방을 보도록 합시다. 윗분을 모실 때는 다음 동선을 고려해야 하니 시간 확인은 해가면서요.

화제가 떨어졌거나 머릿속이 멍해질 때 습관적으로 시선을 회피하는 사람들이 꽤 있습니다. 눈은 마음의 창이라는 말은 거짓말이 아닙니다. 이때는 다른 곳을 보지 말고 차라리 잠깐 눈을 감았다가 떼세요. 그편이 훨씬 좋습니다.

1-3. 적극적 행동이 필요한 음식들에 대하여

그랜절의 경지까지 이르기 위해 자택 수련이 필요한 항목입니다. 저도 경험이 부족해서 가장 어려웠던 부분이고 신입사원 때 많은 시행착오를 겪었습니다.

가능하면 고등어나 갈치의 뼈를 발라내는 방법을 집에서 부모님께 소상히 전수받도록 합시다. 실전에서 할 때

젓가락을 새것으로 하는 센스는 필수입니다.

부대찌개, 김치찌개 등 찌개류를 먹을 때는 착석할 때부터 자리를 신경 씁니다. 직급이 낮을 때면 무조건 가스버너 옆에 앉습니다. 눈치가 좀 있는 분이라면 여기서 한발 더 나갑니다. 바로 환기구의 위치를 파악하고 연기를 마시게 되는 방향에 자기가 앉습니다. 이 정도까지 한다면 그랜절의 경지로 인정해드립니다.

찌개를 먹을 때는 무조건 국자를 소지하고 있습니다. 아무것도 안 하더라도 괜히 국물도 건더기 위로 퍼 올리는 등 뭔가 하는 척합니다. 적당히 익었다 싶으면 불 조절을 해가며 가장 윗사람 그릇부터 퍼 드립니다. 여기서 중요한 것은 내용물을 골고루 잘 넣는 것입니다. 동태탕 같은 경우 동태 조각 중 어느 놈이 실한가 등을 미리 잘 확인해둘 필요가 있습니다. 한발 더 나아가서 윗사람의 선호도(부장님이 동태 대가리를 좋아하시지 등)를 반영한다면 그랜절 인정.

소고기나 삼겹살은 굽는 연습을 해둡시다. 신입 때부터 부단한 노력을 해두면 확실한 성과가 나타나는 분야가 바로 고기 굽기입니다. 보고서 못 쓰는 건 용서해도 소고기

태우는 건 용서 못하는 윗분들, 저는 여럿 봤습니다. 이건 글로 배울 내용이 아닙니다. 평소에 고깃집을 많이 가서 부단히 수련합시다.

웃기게 썼지만, 연차가 있으신 분들은 꽤 공감하실 겁니다. 제가 아는 모 증권사 부장님은 마침 본가가 정육식당을 하는 덕에 신입 때부터 '고기 잘 굽는 신입'으로 정평이 났다고 합니다. 지금도 실적이 좋아서가 아니라 고기를 잘 구워서 부장이 되었다고 웃으십니다. 저는 처음에 겸손인 줄 알았는데 이분과 고깃집 한번 가보고 거짓이 아니라고 믿게 되었습니다. 고기의 질과 결, 힘줄 위치까지 반영하여 정교하게 구워내시는 것을 보고 감탄이 절로 나왔습니다. 숯의 질과 방향, 통풍까지 보시더군요. (…!) 저도 한 고기 굽는다고 생각했지만 이 분 앞에선 부끄러워졌습니다. 깊이 반성하며 고기 굽기의 길이 얼마나 멀고 험한지 다시금 깨달았습니다.

1-4. 반찬이 떨어지는지 신경 쓸 것

매우 중요한 덕목입니다. 테이블에 반찬이 모자란지 매의 눈으로 보고 있다가 모자라면 큰 소리로 '사장님~'을 외치도록 합니다. 여기까지는 그럭저럭 다들 합니다. 우리는 더 나아가 그 반찬 말고 다른 반찬이 얼마 안 남았다면 살짝 자기 밥그릇 위로 옮기던가 먹어버리고 같이 리필을 요청하도록 합시다. 사장님이 바쁘신 것 같으면 직접 그릇을 들고 가서 담아오는 것도 좋습니다.

1-5. 식사 후 계산의 순간

숨 막히는 식사가 끝나고 계산의 순간이 되었습니다. 윗분이 몸을 일으키시고 나가실 때 여러분이 해야 할 행동은 정해져 있습니다. 먼저 자리를 일어나며 놓고 오는 물건이 있는지 매의 눈으로 살피도록 합시다. 반주라도 하게 되면 목도리 등을 놓고 가는 경우가 꽤 많습니다.

이어서 계산서를 가지고 가시는지 봅니다. 만약 가지고 가신다면 모르겠으나 놓고 가신다면 조용히 들고 뒤따라갑니다. 윗분이 계산서를 찾지 않으셨는데 가져다 내미는 것은 대단히 무례한 행동입니다. 들고 조용히 카운터까지 뒤따라갑니다. 주인이 계산서를 찾는다면 그때 내밀고, 찾지 않고 계산이 진행되면 카운터 어딘가에 살포시 놓아두면 됩니다.

1-6. 감사의 인사는 기본 오브 기본

계산 전후, 밖으로 나오며 큰 소리로 잘 먹었다고 인사합시다. 이건 그랜절이 아니더라도, 제발 좀 합시다! 윗사람도 그냥 밥 사주는 거 아닙니다. 후배 중 윗사람이 밥 사주는 걸 당연하게 여기는 친구들을 왕왕 보게 됩니다. 얻어 먹는 입장에서야 나중에 기억도 안 나겠지만 사주는 사람은 이 장면의 기억이 오래갑니다. 이런 인사는 크게 한다고 아무도 뭐라 하는 사람 없습니다. 큰 소리로 감사하다고 합시다.

2. 이동 시의 그랜절

윗사람을 모시고 외부 미팅을 나갈 때 직접 운전을 하거나 택시를 타는 경우가 있습니다. 본인이 운전한다면야 당연히 운전석이 자신의 자리가 되겠죠. 그런데 의외로 윗사람들이 타는 자리에 대해 잘 모르는 분들이 많은 것에 종종 놀랍니다.

차에 탈 때도 상석이 있습니다. 전통적인 상석은 조수석 뒷자리입니다. 드라마나 영화에서도 주로 보스들이 여기 앉죠. 몇 가지 이유가 있습니다. 먼저 길가에서 차를 세웠을 경우인데요. 운전석 뒤에 앉으려면 차를 타고서 허리를 굽히고 이동해야 합니다. 불편하죠. 좌측에 운전석이 있는 우리나라 기준으로는 타고 내리기 편한 자리는 조수석 뒷자리입니다. 그날 일행의 가장 높은 분이 조수석 뒷자리, 그다음이 운전석 뒷자리, 이어서 조수석 순이 됩니다.

요즘에는 시대가 바뀌어서, 가장 높은 분께 조수석을 권하는 경우도 있습니다. 윗분이 키가 큰 분일 경우 조수석에서 시트를 뒤로 하는 게 더 편하니 그렇게 권하기도 합니다. 뒷좌석에 세 명이 앉아야 할 때 여직원이 있는 경우 조수석을 여직원에게 주고 남은 자 중 가장 직급이 낮은 자가 뒷좌석 가운데에 앉습니다. 가끔 상사가 직접 운전을 하시면 조수석은 차선임자가 앉는 게 좋습니다. 상사와 같은 열에 차선임자가 있는 것이 중요합니다.

하지만 같이 움직이는 인원의 구성, 이동 거리 등의 변수가 있기에 사실 가장 좋은 방법은 따로 있습니다. 차를 탈 때마다 문을 잡아서 열고 상사들에게 어디 앉으실지 직접 물어보는 겁니다.

군대에서 운전병을 했던 분들 중에는 속도방지턱이 있거나 브레이크를 밟을 때 말로 알려주는 버릇이 든 분들도 있습니다. "전방에 과속방지턱이 있습니다!", "신호 때문에 정차합니다", "곧 출발하겠습니다" 이런 말을 막 하면서 운전하는 거죠. 옆에서 보면 인간 네비게이션 같아서 좀 우스운데, 그랜절을 추구하는 저는 이걸 권장합니다. 주변 사람을 많이 배려한다는 느낌을 주거든요.

3. 외부 미팅 시의 그랜절

외부 미팅이 회의라면 회의 자료를 준비해가면 됩니다. 그런데 윗분을 모시고 상대 회사의 고위직과 미팅을 하러 가는 경우에는 간단하게 1~2페이지 정도의 핵심 자료를 만들어서 사전에 보고하면 좋습니다. 상대방 회사의 최근 이슈, 만나는 윗선의 간단한 정보, 오늘 집중적으로 논의될 안건의 개요와 얻어내야 할 점들을 정리하면 됩니다. 보고서가 아니라 이메일 본문도 좋고, 카카오톡이나 문자 장문 메시지라도 좋습니다. 중요한 건 적시성입니다.

이렇게 해두면 윗사람에게 좋은 인상을 줄 수 있습니다만, 사실 그보다 더 중요한 게 있습니다. 어차피 상대 회사와 계속 협의해나가는 실무진은 보고서를 만든 자신입니다. 회의 내용을 리드하고, 내가 가지고 있는 계획을 내 상사에게 공유하여 내 뜻대로 움직이게 하는 게 나한 테도 좋다는 것이죠. 회의 전에 여유가 되면 이런 준비 습관을 들이세요.

4. 그랜절을 위해 회식 때 챙길 것들

요즘에는 전통적인 회식이 줄고 캐주얼한 미팅 형태로 많이 바뀌고 있습니다. 레스토랑에서 와인을 마신다거나 공연을 관람하는 거죠. 정말 다행이라고 생각합니다. 회사의 회식 문화를 처음 접하며 받았던 충격을 잊을 수가 없거든요. 당시에는 당연한 프로세스였는데요. 윗사람들은 아랫사람들 모두에게 술잔을 돌리고 아랫사람은 몰래몰래 버리며 버팁니다. '1차 고깃집 – 2차 호프 – 3차 노래방 – 4차 수제맥주 또는 정종집 – 5차 해장국집 (feat. 소주) – 6차 사우나 후 출근'으로 이어지는 릴레이는 정말 괴로웠죠. 저는 술을 잘하는 편이 아니고 잠도 많은 편이었기 때문에, 어찌어찌 버텨도 3차 정도 가면 죽을 것 같았습니다. 막내가 노래방에서 자는 건 있을 수 없는 일이기에 중간에 나가서 토하면서 버텼습니다만, 고쳐야 할 문화라고 생각했죠. 코로나 때문에 이젠 더 보기 힘들게 되었으니 다행이라고 해야 할까요.

바뀐 회식 문화 속에서도 그랜절은 분명 존재합니다. 여전히 회식하면 고깃집이 주가 될 텐데요. 책을 읽으시는 분이 만약 팀에서 막내 축에 드신다면 그냥 1년에 몇 번 안 하는 회식이니 내가 희생한다는 각오를 하시고, 회식을 즐기는 직원이 아니라 '고깃집 알바'로서 봉사한다는 생각으로 임하시기 바랍니다. 책을 읽으시는 분이 팀에서 중간 이상이시라면 회식 문화를 고치는 데 노력해주시고요.

예약된 장소로 가면 다들 앉을 자리 고민을 하게 되는데요. 신입일 때는 가능한 문 쪽으로 착석하시기 바랍니다. 거기가 말석인 이유가 다 있습니다. 선임들이 그날 가장 높은 분 옆에 앉으라고 자리를 정해주는 경우가 가끔 있는데, 그게 아니라면 꼭 문 옆에 앉으세요. 여러 가지 잔심부름하기도 좋은 위치지만 문 옆이 가지는 장점이 따로 있습니다. 입사 초기에는 늘 주목을 받기 때문에 안쪽 자리면 화장실 한번 가기도 힘듭니다. 그런데 문 쪽에 앉으면 심부름하는 척하며 자리를 비울 수 있고 술도 덜 마실 수 있습니다.

규모가 큰 회식이면 총무가 주문부터 계산까지 다 챙길 겁니다만, 소규모 회식이면 주니어들이 직접 주문과

계산을 챙기도록 합시다. 술잔이 오고 가다 보면 몇 인분을 시켰고 잘 나왔는지, 특히 소주 맥주는 몇 병을 마셨는지 가게 주인만 아는 사태가 발생하게 됩니다. 이걸 잘 챙기면 일 잘한다는 소리를 들을 수 있습니다. (분명 일이 아닌데 말이죠.)

아주 좋은 가게라면 직원이 정말 알아서 다 해주니 막내더라도 할 게 없습니다만 일반적인 고깃집은 피크 시간대에는 그야말로 북새통이죠. 주문해도 대답 없는 메아리인 경우도 많아서 알아서 먼저 챙겨주는 건 불가능해 보입니다. 그럴 때 반찬 떨어지고 술 떨어지는지 잘 보고 있다가 추가 주문을 하고, 빈 접시나 앞치마 같은 것은 말 안 나와도 미리 가져다 드리도록 합니다. 앞서 식사 자리에서와 비슷합니다. 윗분들이 편하게 식사하실 수 있도록 보조한다고 생각하면 좋습니다. 그러기 위해서는 술도 요령껏 피해 마시고 주변을 잘 살피고 있는 게 좋겠죠. 누가 무언가 부족하다 싶으면 먼저 가져다줍니다.

고위 임원이 참석하신 경우 술을 드셨으면 대리를 부르거나 기사에게 전달해야 하는데 여기까지 챙긴다면 그랜절로 인정해드립니다. 보통은 차선임들이 챙기는데 잘 보고 있다가 여기까지 신경 쓰는 모습을 보이면 좋습니다.

이러다 보면 남들은 다 취하는데 난 안 취하게 됩니다. 신경 쓸 게 너무 많으면 술이 어디로 들어가는지도 잘 모르게 되거든요. 이렇게 몇 번 회식 경험을 하고 나면 익숙해지실 겁니다.

5. 대화 시의 그랜절

존댓말을 씁시다. 당연한 것 아니냐고요? 윗사람뿐 아니라 요즘은 수평적 커뮤니케이션이 대세이니, 후배든 동기든 서로 '~~님'으로 서로 존대하는 게 흐름입니다. 그런데 그걸 못하는 사람들이 너무 많습니다. 선배든 후배든 말이죠.

나이 많은 선배들이 후배들과 이야기할 때 자연스럽게 말을 놓는 경우가 많습니다. 선배 입장에선 편한 관계라고 생각하고 먼저 그럴 수도 있지만 후배가 먼저 말 놓으시라고 하기 전엔 결례죠. 후배 입장에선 기분 나쁠 수 있습니다. 저는 이럴수록 눈에 힘을 주고 철저히 존댓말을 합니다. '나는 당신과 말 놓고 싶지 않다'는 사인을 주는 것이죠. 그래도 안 바뀌면 사석에서 이야기합니다. 보는 눈도 많은데 말을 놓는 건 지양해주십사 하고요. 인간적으로 호감이 가는 선배라면 형 동생처럼 느껴져서 저도 다른 말 안 합니다만, 제가 싫어하는 사람이 제게 말 놓는 건 싫더라고요.

선배보다 더 문제는 후배들이 말을 막 편하게 놓을 때입니다. 한두 명이 그러면 그 친구들이 문제인가 보다 하겠는데 의외로 너무 많은 후배들이 동일한 현상을 보입니다. 물론 대놓고 면전에서 '야야' 하진 않습니다. 대화가 오고 가다가 말이 점점 짧아집니다. 그러다가 문장 전체가 친구에게 말하듯이 하게 됩니다. 처음에는 '아, 저 친구가 나를 참 친하게 느껴서 저러는구나'라고 이해하려고 했습니다만 나중에는 이래도 괜찮은 건가 걱정이 되었습니다. 후배가 저를 만만히 보는 것 같아서 언짢아지기도 했고요.

그런데 이걸 또 먼저 말하자니 쪼잔한 사람이 될 것 같기도 하고, 후배는 별 생각 없이 그러는 건데 제 말에 상처받으면 어떡하나 고민도 되고 그랬습니다. 선배에게는 사석에서 잘 이야기했는데 오히려 후배에게 이 말 하는 게 훨씬 어려웠습니다. 결국 말을 못했고요. 지금도 대화하다가 말을 자꾸 낮추는 후배를 보면 내적 갈등이 계속됩니다. 어쨌거나 존댓말을 쓰는 건 선배든 후배든 서로 지켜야 할 그랜절이라 봅니다.

그리고 윗사람과 대화할 때 간단하지만 굉장한 효과를 가지는 팁을 알려드릴게요. 대화의 마지막 말을 윗사람이 하지 않도록 하시기 바랍니다. 모든 대화의 마지막 말은 여러분이 되도록 하세요.

이게 무슨 소리인가 하실 텐데요. 윗사람이 말을 마쳤을 때 대답을 하건, 의견 제시를 하건 반대를 하건, 하여간 반응을 꼭 하라는 겁니다. "홍길동 대리, 이 일은 이렇게 마무리하도록 합시다."라고 상무님이 말을 했을 때 침묵하지 말고, "네, 알겠습니다."라고 하거나 "상무님, 이건 어떨까요?" 등등의 답을 하라는 거죠.

사실 2명의 대화에서는 별 문제 없는 부분입니다. 문제는 복수의 인원이 있을 때입니다. 윗사람이 마지막 발언을 하고 아무도 답하지 않으면 왠지 모를 어색함이 이어지죠. 어떤 상황에서든 하다못해 "네, 알겠습니다."라도 먼저 말하도록 합시다. 별것 아닌 것 같겠지만 정말로 큰 도움이 됩니다.

꽤 많은 '그랜절'을 알려드렸습니다. 어떠세요? 어떤 분은 숨이 탁 막혀 온다 하실 것이고 어떤 분은 나도 이 정도는 하고 있다고 하실지 모르겠습니다. 최소한의 에너지와 시간을 투자하라면서 극한의 예법인 그랜절을 알려드리는 건, 이게 여러분의 평판에 큰 도움이 되기 때문입니다. 요령만 알면 그렇게까지 에너지가 드는 일도 아니고요.

이게 '저축' 개념이 된다고 말씀드린 건, 인간의 비논리성 때문입니다. 식당가서 수저 잘 놓고 윗사람과의 대화에서 반응을 잘하는 직원이 업무에 문제가 있을 때는 "어휴, 저 친구 그럴 사람이 아닌데 실수했구먼."이라는 소리를 듣고요. 식당가서 수저도 안 놓고 윗사람과 대화에서 듣는 둥 마는 둥 하는 직원이 업무에 문제가 있을 때는 "아이고, 저 친구 평소에도 마음에 안 들었는데 내 저럴 줄 알았어."라는 말을 듣습니다.

하나를 보면 열을 안다는 말의 '기출 변형'인 겁니다. 나무만 보고 숲을 판단하는 건 오류 가능성을 내포한 것임에도, 우리는 사람이기에 늘 이런 실수를 하죠. 회사는 일하러 온 곳이니 업무만 잘하면 될 것 같지만, 은연중에 그것만 보지 않습니다. 그랜절을 다 챙길 필요는 없지만, 잘 익혀두면 회사생활이 쉬워지는 이유입니다.

주변 사람의
생각 없는 말에

상처받지
마세요

학교, 군대, 회사… 사람끼리 부대끼며 살아가는 모든 집
단 안에서는 서로 영향을 주고받습니다. 서로 도움이 되는
좋은 관계도 있지만 상처를 주고받는 (요즘 말로 딜 교환) 관
계도 많죠. 진짜로 싸우려고 덤비는 것뿐 아니라 아무 생
각 없이 던지는 말에 상처받기도 합니다.

상대방이 별 의도 없이 한 말인데 받아치자니 성격 나
쁜 사람이 될까 봐 걱정되고, 그렇다고 속으로 담아두자니

기분만 나쁜 경험, 다들 있으실 겁니다. 사실 이럴 때 가장 좋은 대응은 무시입니다. 상대방에 대해서 표를 내지 않고, 내 안의 분노도 다스리는 형태의 무시. 어렵죠. 어려운데 할 수 있어야 합니다.

똑같은 상황과 대화에 대해 받아들이는 차이가 생기는 이유는 사람마다 성격과 인생 경험이 다르기 때문입니다. 회사 동료들과 이혼에 대해 이야기해도 이혼 경험이 있는 직원은 느끼는 바가 다르겠죠. 극단적인 예이지만 의외로 많이 벌어지는 상황입니다. 그렇다고 모두가 성격과 경험을 고칠 순 없습니다.

예민하고 소심한 사람일수록 혼자 고민하게 되는데요. 이럴 때 참고할 수 있는 팁을 공유합니다. 눈치 없어지고 멘털 강해지는 방법이랄까요. 단, 아래 3가지 방법은 임시방편임을 분명히 알려드립니다.

1단계 : 일로만 엮이도록 합시다

Cool & Dry 느낌이랄까요. 회사 내의 인간관계는 일로만 엮이도록 노력합시다. '이게 뭐가 어려워?'라고 생각하실 수 있지만 은근 잘 안 됩니다. 같이 있다 보면 결혼은 했냐, 애는 몇이냐 하는 호구조사가 시작되죠. '타인에 대한 오지랖 = 관심과 애정의 표현'으로 통용되는 게 우리 사회라서 그런데요, 빠져나가기가 사실 어렵습니다. 하지만 그렇다고 다른 분들이 묻는 것에 대해 지나친 방어를 할 필요는 없습니다. 옆자리 동료가 어디 사냐고 묻는데 모니터만 응시하면 그건 그거대로 문제죠. 잘 응대해주시되, 반대로 묻지 않으면 됩니다. 즉, '옆 사람이 어디 살고 애가 몇이고'를 내가 궁금해하지 않으면 됩니다. 본인이 말하기 전에는요. 업무 외에는 동료에 대해 관심을 갖지 않는 거죠.

관심을 갖지 않으면 모르게 되고, 모르면 말을 전달하지도 않게 됩니다. 뒷담화? 뭘 알아야 하죠. 아는 게 없으니 그런 자리에 끼지도 않게 되고, 본인 역시 그 대상이 되는 일이 적어집니다.

회사 안에서 여러분의 이미지가 무엇일지 고민해보세요. 본인 이미지를 잘 모르겠다면, 주변 사람들 생각을 해봅시다. '남의 이야기 많이 하는 사람?'이라고 했을 때 딱 떠오르는 사람이 있지 않나요? 그렇게 되지 않도록 노력합시다. 일에만 집중하면 내가 다른 사람에게 저런 이미지를 줄 가능성이 줄어듭니다.

2단계 : 무색무취한 사람이 됩니다

1단계를 열심히 실천하면 2단계에 자연스럽게 이르게 되는데요. 이른바 색깔이 빠집니다. A당을 지지하면 어떤 사람, B당을 지지하면 어떤 사람, 이런 걸 정치색이라고 하고, C지역 출신이면 어떻고, D지역 출신이면 어떻고 이런 건 지역색이라고 하죠.

색으로 인해 자신의 캐릭터가 선명히 드러나는 사람이 꽤 있는데요, 본인이 의도한 것이라면 모를까 아닌 경우도 많습니다. 자신의 캐릭터가 규정지어지기도 하죠. 업무에 꼭 필요한 경우는 피할 수 없겠지만 그게 아니면 철저히 무색무취가 되는 게 좋습니다. 지역색은 숨길 수 없는 게 아니냐, 라고 물으신다면 차라리 '여기저기 이사 다녔던 사람'이 되는 게 좋습니다.

이쯤 되면 '뭘 이렇게까지 하느냐'라고 하실지 모르겠는데, 이는 프레임의 함정이 무섭기 때문입니다. 사람들은 모두 자신만의 프레임으로 세상을 봅니다. '색안경을 끼고 본다'는 표현과 일맥상통하네요. 항상 맞는 것도 아닌데도 우리는 늘 그러고 있습니다. 예를 들어 저는 A형인데 대범하고 강력한 추진력을 보유한 사람 많이 봤고, 충청도 출신인데 의사결정이 매우 빠르고 이메일 답장을 10분 안에 항상 주는 분들 많이 봤습니다. 하지만 여전히 우리는 혈액형으로 사람을 구분하고 특정 지역 출신들의 성향을 정의하곤 하죠. 프레임은 이래서 무섭습니다.

여러분이 주변에 제공하는 정보가 여러분을 프레임에 가둡니다. 여러분의 의지와 무관하게요. 업무에 있어서는 필요한 사람이 되어야 하지만 그 외 부분은 공기와 같은 사람이 되길 권합니다. 그 시작은 여러분이 자신의 정보를 제공하지 않는 데서 출발합니다. 업무 외 분야에서는 무색무취한, 공기와 같은 사람이 되세요.

3단계 : 최종적으로, 이 모든 것에 신경 쓰는 에너지를 줄이세요

멘털이 강하고 눈치가 없는 사람이 행복하다는 건 정말 진리입니다. 며칠 전 인상적인 문구를 보았습니다. 나이가 많은 어르신이 주신 교훈이라고 하는데요.

"젊었을 때는 최후에 웃는 놈이 승자인 줄 알았는데, 나이 들고 보니 많이 웃고 산 놈이 승자더라."

늘 웃으며 인생을 풍요롭게 산 사람이 나중에 성공하는 사람보다 더 행복한 것이라는 의미입니다. 저는 매우 동의하는데요. 이렇게 하려면 어떻게 해야 할까요? 자주 웃으려면 지금 받는 스트레스 때문에 예민해지고 고민하는 걸 줄이면 됩니다. 둔감해지세요.

회사에서 가끔 예전 문서를 열어봅니다. 업무일지나 관련 파일 등등이죠. 보고 있으면 그 당시에 했던 고민들, 인간관계로 인한 괴로움 등이 생생히 생각납니다. 다만 또다시 괴로운 게 아니라, 웃음이 나옵니다. ^^;; 정말로 웃음이 나옵니다. 내가 왜 이런 걸로 그땐 그렇게 괴로워했나. 이게 뭐라고, 왜 그땐 심각했던가⋯ 이런 느낌이죠. 싸이월드 다시 열어보며 그때의 흑역사를 추억하는 느낌이랄까요. 그때의 저에게 해주고 싶은 말이 엄청 많습니다. 여러분도 그렇지 않으세요? 지금 하고 있는 고민이 10년 후에도 유효한 고민일지, 고민해보시기 바랍니다.

마치며 : 좋은 방법이지만 임시방편인 이유

1-2-3 단계를 모두 클리어하면 여러분은 눈치 없고 멘

털 강한 사람 'Lv 1'을 획득하신 겁니다. 축하드립니다! 쭉 레벨을 올리셔도 좋지만, 한 번쯤 지나온 길을 생각해보세요. 웬만한 것에 흔들리지 않을 멘털을 가졌다면, 그리고 웬만큼 일을 하며 커리어를 만들어나가고 있다면 자연스레 색깔이 생기게 되니까요.

정치색, 지역색이 아니라 자신의 색 말입니다. 홍길동은 이런 사람이더라…라는 이미지. 그리고 이 색이 좋아서 따르는 사람도 생겨나게 되죠. 그래서 임시방편입니다. 예민하고 섬세한 마음을 추스르는 기간을 두고, 언젠가는 자신의 색을 드러내며 세상과 맞서야 하니까요.

스티브 잡스가

한국에서
태어났다면

미국 건국의 아버지가 누구냐고 물으면 당장 생각이 안
나도, 스티브 잡스를 물으면 누군지 모르는 분은 없을 겁
니다. 청바지를 입은 채 아이폰을 든 모습은 요즘 위인전
에서도 만날 수 있죠.

저는 2009년 국내에서 아이폰이 출시될 당시의 상황을
통신사에서 직접 경험했습니다. 그래서 스티브 잡스에게
일종의 경외감마저 가지고 있었죠. 잡스는 위대한 업적을

남겼지만 그의 과거를 돌아보면 참 특이합니다. 대학을 중퇴한 뒤 히피 생활을 했고 마리화나와 LSD 같은 환각제를 피우며 살았습니다. 불교에 심취해서 히말라야에 가서 살다 오기도 했다고 합니다. 개성을 중시하는 서양에서도 그는 상당히 특이한 사람이었을 겁니다.

그런 그가 만든 아이폰은 전 세계를 평정했습니다. 언론은 앞다투어 잡스와 같은 혁신가가 왜 한국에서 나오지 못하나를 분석했는데요. 저도 늘 궁금했습니다. 그때는 입사하고 얼마 되지 않은 때라 왜 그런지 잘 몰랐지만, 그로부터 꽤 시간이 흐르고 오랫동안 회사를 경험해보니 조금은 알 것 같습니다.

우선 많은 매체에서 지적한 것처럼 획일적인 한국의 교육제도부터 문제입니다. 저도 그랬고 여러분도 그랬듯 수능점수로 줄을 세우기 바쁘죠. 명문대를 가기 위한 노력 외에 다른 길을 잘 인정하지 않습니다. 잡스 같은 사람이 되고 싶어도 일단 좋은 대학을 가라고 말하는 부모들이 훨씬 많습니다. 어찌어찌 대학을 간 후에는 또 한 번 붕어빵 기계에 들어가야죠. 바로 군대입니다.

군은 전쟁에서 승리하기 위한 조직이고 상명하복과 일

사불란함이 필수입니다. 명령을 받아야 하는 군인이 각자 생각을 하기 시작하면 전쟁에서 이길 수가 없습니다. 지휘관의 명령을 병사들이 마음대로 해석하고 움직이면 군대는 와해되겠죠. 문제는 한 2년을 꾸준히 '생각 안 하는 훈련'을 받다 보니 훈련 성과가 너무 좋았다는 겁니다. 아무 생각 없이 명령대로 사는 게 너무 자연스럽게 되어버렸습니다. 사람마다 다른 것을 얻었을 것이고 저 역시 군대에서 배운 것도 많습니다. 요즘 군대는 또 많이 달라졌겠죠. 그러나 군대의 본질은 바뀌지 않는다고 생각합니다. 머리를 비우고, 지시에 토 달지 않는 것을 강요받습니다.

이런저런 멀고 먼 길을 넘어 사회인으로서 조직생활을 시작하면 또다시 붕어빵 기계에 들어가게 됩니다. 아, 물론 기성 조직의 이야기입니다. 요즘이야 1인 기업이나 스타트업도 많고 자유로운 기업 문화를 가진 회사가 늘어났지만, 아직까지 대다수는 그렇지 않죠.

학교-군대-회사의 기본적인 인재상은 명령에 충실한 부품입니다. 아니라고요? 제 말이 맞습니다. 각 조직에서 여러분에게 요구하는 게 명확하니까요.

가령 학교에서 '공부 말고 네가 진정 하고 싶은 걸 하렴.

무엇이든 학교에서 응원하고 지원해줄게'라는 말을 들어보셨나요? 군대에서 '자, 소대장인 내가 생각한 작전은 이런데 더 좋은 작전이 있는지 이등병부터 의견을 들어볼까?'라는 말은요? 대한민국의 모든 회사는 말합니다. 창의적이고 주도적으로 일하는 인재를 환영한다고요. 살면서 많은 거짓말을 보지만 이만한 거짓말도 없을 겁니다. 회사에서 창의적이고 주도적인 사람은 괴롭고 힘들 뿐입니다.

제가 입사하고 얼마 안 됐을 때 『공부하는 독종이 살아남는다』(2009)라는 책이 베스트셀러로 등극했습니다. 정신과 전문의인 저자는 창재가 되라고 권하더군요. 창의적 인재를 뜻하는 말입니다. 10년도 더 된 옛날 책의 내용인데도 기억하는 건 당시에 제가 크게 공감했었기 때문입니다. 나중에 커서 (그때도 이미 어른이었지만) '훌륭한 창재가 되어야지!'라고 20대 후반의 어린(?) 저는 다짐했었더랬죠.

그래서 창의적으로 회사생활을 하려 노력했습니다. 회사에서 하는 업무를 좀 더 효율적으로 하기 위해서 외부의 여러 협업 도구를 가져와서 전파하려 했습니다. 에버노트Evernote 니, 구글닥스Google Docs 같은 것들입니다. 지금

이야 너무나 일반적인 도구들이지만 그 당시만 해도 혁신적인 업무 툴이었습니다. 회사 내외의 많은 사업아이디어 공모전, 경진 대회에 참여해서 상을 받기도 했습니다. 사업 아이디어도 많이 내고 일부는 특허도 취득했습니다. 직장생활을 하며 제가 발명해서 회사 소유로 출원한 특허는 7개입니다. 연구 개발직도 아니고 기술 기반이 없는 사무직 근로자로서 적은 숫자는 아니라고 생각합니다. 사소한 것이라도 늘 좀 더 색다른 관점에서 접근하려고 노력했습니다.

그렇게 노력해서 저는 한국의 스티브 잡스에 조금이라도 다가섰을까요? 결론은 전혀 아니었습니다. 잡스는커녕 쫓겨나지나 않으면 다행이었달까요.

회사에 들어온 지 몇 년 되지도 않은 놈이 이걸 이렇게 바꿔보자는 둥 저렇게 바꿔보자는 둥 하면서 달려든 것이죠. 재무팀 부장님 입장에서는 다른 일도 충분히 바쁜데, 자꾸 신입사원이 회계시스템 UI가 이상하다고 이렇게 바꾸자고 합니다. 그냥 둬도 대충 팔리고 있는 제품을 더 잘 팔리게 하자고 신입사원이 자꾸 뭔가 기획안을 냅니다. 마케팅 부장님 입장에선 귀찮은 티를 많이 냈는데도 모르는 신입사원이 한심스럽기만 합니다.

이런 나날이 계속되면 여기저기서 나오는 말이 있습니다. '저 친구 왜 이렇게 나대?'라고요. 국립국어원에서 정의한 '나댄다'의 뜻은 '깝신거리고 나다니다'입니다. 좋은 의미가 아니라는 것은 바로 알 수 있죠. 열정의 결과는 제게 이렇게 돌아왔습니다. 창의적으로 뭔가를 해보려고 했던 저로서는 꽤 충격이 컸습니다.

지금 생각해봐도, 회사 내의 개선사항을 짚어서 대안을 제시하고 나아지게 하려는 제 행동은 바르고 정당한 행동이었습니다. 임직원이라면 응당 해야 할 일입니다. 문제는 제가 개선사항을 말할수록 곤혹스러운 세 부류의 사람들도 생겨난다는 점이었죠.

첫째, 그 개선사항이 발생하도록 기존에 관여했던 사람들. 즉 "아니, 일이 이 지경이 되도록 뭐 했어?!"라는 말을 듣게 되는 사람들입니다. 자신이 한 일이 개선된다는 건 일을 제대로 못했다는 말이 되니 싫을 수밖에요.

둘째, 개선사항을 실행하기 위해 일을 해야 하는 사람들. 첫 번째 부류와 같은 사람일 수도 있고 다를 수도 있습니다. "와, 우리 회사가 이렇게 좋아진다니 정말 기쁘

네! 내가 열심히 해서 바꿔야지!"라고 교과서 같은 소리를 하는 사람은 없습니다. "안 그래도 바빠 죽겠는데 어떤 놈 때문에 이거까지 해야 하는 거야?!"라고 불만이 가득해집니다.

셋째, 그런 개선사항을 많이 제시하지 않아 비교당하는 대조군입니다. "야, 아무개는 저렇게 아이디어 내면서 열심히 하는데 동기인 넌 뭐냐?!"라는 소리를 듣습니다. 기분이 좋을 리가 없습니다.

조직 내에서 뭔가 바꿔보자고 외칠수록 제 주변의 적은 늘어가고 있었습니다. 당당하게 해 나가던 저도 점점 위축되고 자신감을 잃어갔습니다. 또 엄청난 회한이 몰려왔습니다. '아니, 내가 왜 회사를 위해서 이렇게까지 하고 있지?'라는 후회도 많이 되었죠.

그래서 어느 순간부터인가 회사 안에서 더 이상 무언가를 개선하자는 말을 함부로 하지 않게 되었습니다. 그리고 그 에너지와 시간을 나한테 쏟는 게 훨씬 좋겠다는 결론을 얻었죠. 이 책에서 주장하는 바이기도 합니다. 그럼에도 불구하고 조직 내에서 무언가 바꿔보고 싶다면 다음과 같이 해보시길 추천드립니다.

일단, 문제점을 다각도로 분석합니다. 그리고 업무 히스토리를 찾아봅니다. 대부분의 경우 일이 이상하게 된 데에는 보이지 않는 이유가 분명 있습니다. 또 연관된 사람도 봅니다. 제가 이 일을 했을 경우 또는 이 말을 했을 경우에 다치는 사람이 없는지 확인해봅니다. 여러 가지 문제들도 이런 필터를 거치면 몇 개 남지 않죠. 남은 것만 안건으로 올려 개선을 (부드럽세) 건의합니다.

스티브 잡스와 같은 인사이트를 가지고 열정과 패기가 가득한 직원, 분명히 있습니다. 여러분도 그중 한 명이겠죠. 뛰어난 능력자이고 아마 추후 큰 성과를 낼 핵심 인재일 겁니다. 하지만 회사의 무언가를 바꾸고 싶다면, 조직을 잘 살펴보고 조직에 맞는 접근법까지 숙지하길 권합니다. 스타트업이라면 얼마든지 열정을 펼치면 됩니다. 그러나 기성 조직이라면 차분히 전후 상황을 보며 움직이길 권합니다. 여러분 때문이 아니라 조직과 사회가 원래 가지고 있는 문제들 때문입니다.

누군가의 열정과 누군가의 관성(慣性)이 충돌하는 곳이 회사입니다. 그러니 혁신을 하고 싶다면, 구성원 모두를 설득하면서 여러분의 편으로 만드는 방법을 함께 찾아야 합니다. 권력이 있다면 쉽지만 그렇지 않다면 맞는 방법을 찾아나가야겠죠. 이런 어려움에도, 수많은 스티브 잡스가 나타나는 세상을 고대해봅니다. :)

4장

내가 나로 일합니다

· 웬만큼 일하는 법

일을
잘한다는 것의

진짜
의미

저에게 2020년 상반기는 정말 순식간에 지나간 해입니다. 갑작스레 너무 바쁜 프로젝트에 투입되어 버렸기 때문입니다. 2020년 4월과 5월을 뜨겁게(물론 저희 업계 기준입니다) 달군 그것, 정부 긴급재난지원사업에 참여하게(라고 쓰고 잡혀 들어갔다, 라고 읽습니다) 되었거든요.

예전에도 몇몇 정부 프로젝트에 참여한 바 있습니다. 금융 쪽에서의 공공사업은 규모도 규모지만, 보통 충분한 시간을 두고 진행되는 게 일반적입니다. 금융이란 게 사고가 나선 절대적으로 안 되는 곳이기도 하고 업권이 워낙 보수적이거든요. 그런데 이번 정부 긴급재난지원사업은 전혀 그렇지 않았습니다. 하긴, 이름에서부터 '긴급'이 들어가 있는데 여유로울 리가요. 코로나 때문에 참 다양한 경험을 해보네요. 아무튼 4월 중순 이후로 정말 바빴습니다.

카드사에서는 정부 사업 준비를 어떻게 해나가야 할까요? 생각해보신 적이 없으실 테지만, 여러분들이 한창 쓰셨던 재난지원금을 위해 카드사와 정부는 다음 내용을 준비해야 했습니다. 디테일하게 적고 싶지만 회사 일이니, 최대한 일반적인 내용으로 설명해보자면요.

- 정부, 유관협회, 타 금융사 등과 상세 프로세스를 협의해나간다.
- 카드사의 신청 절차를 설계한다(웹페이지 / 모바일 웹 / ARS / 콜센터 / 영업점 창구 / 앱...).
- 개개인의 신청, 기부가 잘될 수 있도록 전체 프로세스를 구현한다.
- 법적 이슈는 없는지 살피고 민원에 대응한다.

- '신청' 이후 카드 '사용'에 문제가 없도록 프로세스를 구축하고 운영한다.
- 사업 내용을 홍보하고 실적을 보고한다.

평이한 문장으로 두서없이 적었지만 하나씩 들어가 보면 업무량이 어마어마합니다. 그래도 차근차근히 생각해 보면 어찌어찌 다 챙겨가며 할 수 있습니다. 네, 차근차근히 한다면요. 시간 여유가 있어서 차근차근 할 수만 있다면요.

그러나 이번 재난지원금 프로젝트는 그야말로 번개 같은 속도로 진행되었습니다. 공무원분들이 저런 스피드를 보여주실 줄이야! 카드사 또한 숨 가쁜 일정으로 시스템을 구축해나가야 했습니다. 이 과정에서 저는 꽤 색다른 경험을 했습니다. 그간 고민하고 있던 질문의 답이 보였거든요. 바로 '일을 잘한다는 것은 무엇인가'에 대한 답이었습니다. 생각지도 못한 긴급한 상황이 되니까 답이 보이더군요.

1. 일을 잘한다는 건 '하고 있는 일에 대한 이해도'가 높

이게 무슨 당연한 소리인가… 싶으실 겁니다. 그런데 한 번 자문해보세요. 이게 생각보다 어렵습니다. 제조업이라면 내가 만드는 물건은 무엇인지, 이 물건의 원재료는 어디서 오는지, 이 물건을 사람들이 왜 사는지 알아야 합니다. 그 물건에 대해서라면 누가 뭘 물어도 다 답할 수 있어야 하고, 내가 하는 일이 어디서 오고 어디로 가는지 알고 있어야 합니다.

일을 할 때 이걸 알고 하는 것과 모르고 하는 것은 천지 차이입니다. 정부 긴급재난지원사업을 예로 들어볼까요? 정부가 이 사업을 왜 하는지, 카드사는 이 사업에 왜 참여하는지 아는 사람과 모르는 사람은 실제 업무에서 큰 차이가 납니다. 정부에서 왜 하는지를 잘 이해하고 있으면, 세부 이슈에 정부에서 제공한 가이드가 없더라도 올바른 판단이 가능하기 때문입니다.

일로 설명하면 재미가 없죠, 노는 것으로 설명해볼까요? 어릴 때 동네에서 하던 축구도 룰을 알아야 같이 할 수 있습니다. 그냥 달리기 잘하고 공 뻥뻥 찬다고 잘하는 게 아니죠. 골키퍼는 왜 공을 손으로 만져도 되는지, 골킥은 언제 하는 건지 알아야 같이 놀 수 있습니다.

고백하자면 저도 주니어 시절, 싫은 일이 정말 많았습니다. 연차가 좀 찬 지금 그때를 회상해보면, 일이 왜 그렇게 싫었던지 알 것 같습니다. 그 일을 왜 해야 하는지 몰랐습니다. 왜 그렇게 해야 하는지도 몰랐습니다. 관심도 없고 왜 하는지도 모르니 혼나는 것만 무서웠습니다. 그래서 자꾸 피하게 되고 피하다 보면 더 모르게 됩니다. 악순환이죠.

사실 자기가 좋아하는 일이면 누구나 전문가가 될 수 있습니다. 차마 회사 일을 사랑하고 좋아하라는 말씀은 못 드리지만, 하기 싫은 일이더라도 일단 잘 이해하도록 노력해보세요.

2. 어디서부터 뭘 해야 할지 압니다

'앞의 이야기와 비슷한 이야기 아닌가?' 하신다면 날카로운 분입니다. 일을 잘 이해하고 있다면 To-Do를 자연스럽게 생각해낼 수 있습니다. 다만 이 항목에서 제가 말씀드리고 싶은 건 '일에 대한 이해'가 아닌 '조직에 대한 이해'입니다.

회사에 속한 사람 중 일을 잘하는 사람은, 일만큼이나 조직에 대해서도 잘 알고 있습니다. 제 사례를 예로 들자면 정부 긴급재난지원사업을 준비할 때 어느 부서의 누구에게 무슨 요청을 해야 하는지 알고 있다는 뜻입니다. 눈을 감고 한번 생각해보세요. 여러분이 속한 조직에서 어떤 일을 할 때 어디부터 어떻게 풀어나가야 할지 바로 떠오르시나요? 그래서 매년 새로 나오는 조직도나 업무분장표는 중요합니다. 조직에서 더 나아가 담당자까지 잘 알고 있다면 금상첨화겠지요.

3. 매몰되지 않고 전방위적으로 '예상'하며 일합니다

일을 '하는' 사람과 '잘하는' 사람의 차이가 생기는 또 다른 포인트입니다. 일을 잘하는 사람은 일단 매몰되지 않습니다. 오늘은 여기를 보고 내일은 저기를 보더라도 늘 전체를 생각하고 있습니다. 거기서 더 나아가 이걸 이렇게 하면 저렇게 될 거야, 라고 예상하며 일을 합니다.

이번 정부 긴급재난지원사업 초반에 가장 중요했던 건, 어떻게 시스템을 구축해야 고객들이 편리하게 신청을 할까 하는 점이었습니다. 웹 채널의 로딩 속도, 입력을 받아야 하는 항목, 모바일 화면의 터치 횟수, 안내 문구의 크기와 배치 등등 챙길 것은 참 많죠. 일을 하다 보면 자기 분야에만 집중하게 되고 그것만 보게 되지만, 우리는 여기서 한발 물러서서 뒷일을 예상할 수 있어야 합니다.

- 여기서 이 값을 받아버리면 전문 송수신에 어떤 영향을 미치겠구나.
- 신청하고 나서 사용하기까지 일관성 있게 하려면 안내문자는 어떻게 나가야겠구나.
- 한 달 뒤 명세서 나갈 부분을 고려하면 여기서는 이렇게 보여줘야겠구나.

무슨 다중인격처럼, 머릿속에선 계속 챙길 것들이 떠오릅니다. 이렇게 일하면 정말로 일 잘하는 사람입니다.

4. 여유와 유머를 지닙니다

제일 중요한 이야기를 맨 뒤에 하게 되네요. 일을 잘하는 사람은 2가지를 반드시 지니고 있습니다. 여유와 유머입니다. 제가 좋아하는 것들이기도 합니다.

왜 이 두 가지가 중요하냐 하면, 시간을 컨트롤하고 있어야 여유가 나오고, 사람을 컨트롤하고 있어야 유머가 생기거든요. (제가 쓰고도 꽤 그럴 듯한 있어 보이는 말이라 살짝 놀랐…!)

시험 공부할 때 그런 경험 다들 있지 않나요? 남은 시험 과목과 시간을 고려해서 과목별로 어떻게 시간을 배분하면 되겠다…, 이런 고민을 했던 경험 말이죠. 저는 늘 실패했습니다. 왜 실패하는지조차 몰랐죠.

돌이켜보니 저는 제일 중요한 걸 모르고 있었습니다. 바로 1시간 동안 얼마나 할 수 있느냐라는 '투입 시간 대비 효과'에 대한 개념이 전혀 없었던 거죠. 이걸 알고 있으면 시험 범위에 맞춰 필요한 시간을 짐작할 수 있습니다. 이른바 '각'이 나오는 거죠. 이러면 사람이 여유를 찾을 수 있습니다. 친구들과 놀거나 TV를 보는 여유 말입니다. 이게 '시간을 지배한다'는 뜻입니다.

또한 유머러스한 사람 싫어하는 사람은 없습니다. 남을 즐겁게 할 줄 아는 사람은 상대방을 잘 이해하고 있는 사람입니다. 공부머리와는 좀 다릅니다. 사람을 무섭게 만드는 건 의외로 쉽습니다. 공포영화에 흔히 나오는 장면들을 생각해보세요. 어두워서 뭐가 나올지 모르는 화면, 갑자기 들려오는 큰 소리, 보기 힘든 끔찍한 장면 등 매번 쓰이는 것들이 있습니다. 슬프게 만드는 건 어떨까요? 쉬운 예로 TV에서 낮 시간에 자주 하는 자선단체들의 CF를 생각해보세요. 약속이나 한 듯 비슷한 장면들로 동정심을 유발합니다.

그렇지만 유머는 철저하게 상대방을 이해하고 각각에 맞춰 던졌을 때 성공하는 겁니다. 위계에 의한 유머(사장님이 '아이고, 오늘은 날씨가 좋네?' 했다고 아하하하 화기애애해지는 그런 거) 말고 이해관계가 없는 관계에서 상대방을 웃게 하기란 보통 어려운 것이 아닙니다. 상황과 사람에 대해 많이 이해해야 가능하죠. 그래서 일할 때 즐겁고 유머러스한 사람은 일을 잘하는 사람으로 봐도 됩니다. 상황과 동료와 이해관계자들을 다 파악하고 있을 때 가능하거든요. 여유 있고 유머까지 가진 사람은 이 자체가 실력으로 비춰지기에 많은 사람들이 따르게 됩니다.

사실 위의 4가지를 종합하면 제가 생각하는 '좋은 리더의 조건'이기도 합니다. 이 내용들은 늘 머릿속에 조금씩 생각하던 것들이었습니다. 그런데 한 달 동안 극한 상황 (?!)에 놓이게 되자 점점 더 구체화가 되더군요. 저 조건들을 채우려면 어떻게 해야 할까 많이 생각해봤습니다. 부족함이 많은 터라 한 가지나 제대로 할 수 있을지 한숨이 나오지만요.

회의록

아이러니

회사에 막 입사했던 병아리 시절, 저는 엄청나게 버벅거리고 헤맸더랬습니다. 지금도 그러고 있지만 당시에는 상태가 좀 심각했습니다.

회사에 들어오면 팀 막내로서 자질구레한 일들부터 자연스럽게 시작하게 됩니다. 굵직한 업무가 주어지기보다는 운영성 업무가 주가 되죠. 난이도가 낮고 하던 대로 하면 되는 일들인데요. 주간보고 수합, 법인카드 전표관리

같은 자잘한 일들입니다.

막내 때는 일을 배워야 한다고 선임들이 여기저기 데리고 다니면서 회의 참석도 많이 하게 되는데, 회의 전후로 막내가 챙겨야 할 일도 참 많았습니다. 회의 전에는 회의 자료 출력, 빔프로젝터랑 파일 준비, 음료수 세팅, 자리 체크 등등이 있고, 회의 후에는 회의록을 작성해서 참석자들에게 공유하는 일이 주어졌죠.

다른 일이야 몸으로 하면 되니 어떻게 어떻게 하겠는데, 회의록 작성은 옛날부터 선임들에게 많이 혼난 단골 종목이었습니다. 왜 혼나는지도 모르고 잘못했다고 하기 바빴죠. 한편으로는 억울했습니다. 회의록 작성에 드는 시간이 정말 엄청났거든요. 녹음한 회의 내용을 다시 듣는 것도 그렇고, 그걸 요약해서 회의록 양식에 맞춰 쓰는 데 드는 시간도 오래 걸렸습니다. 그렇다고 회의록을 이렇게 쓰라고 친절히 가르쳐주는 선배가 있던 것도 아니었죠. 그 덕에 제 회의록 스킬은 실로 오랫동안 제자리걸음이었습니다.

그러다가 저도 어느덧 짬이 차서, 제가 주도적으로 프로젝트를 해보기도 하고, 남들이 쓴 회의록을 볼 일도 많아지면서 뭐가 문제였는지 알게 되었습니다. 핵심은 이렇더군요.

1. 잘 쓴 회의록은 업무 맥락을 꿰뚫고 있어야 가능하다

회의록은 속기록이 아닙니다. 그런데 저는 속기록을 쓰고 있었습니다. 제 문제점은 이 한 줄로 요약되는 것 같습니다. 신입 시절에는 회의에 참석해서 오고 가는 말 한마디 한마디가 모두 중요하게 느껴졌습니다. 회의 참석자의 역할과 업무 경과를 모르니 더욱 그렇습니다. 회의 목적이야 선임에게 들었다고 해도, 이를 위해 집중해야 할 부분들이 무엇인지가 잘 보이지 않습니다.

잘 쓴 회의록은 위의 요소들을 모두 인지하고 있는 사람이 쓸 때 가능합니다. 일단 문장에서 군더더기가 없어집니다. 이 말은 글자로 남겨야 될 사항과 그렇지 못한 점들을 구분할 수 있다는 뜻입니다. 대단히 중요한 포인트이죠.

2. 회의록이 진짜로 필요한 상황은 꽤 위중한 경우다

회사 내부의 회의이든 외부의 회의이든 쟁점에 대해 잘

합의가 되었다면, 굳이 회의록이 필요하지 않습니다. 참석자들이 다 이해하고 합의하고 있다면, 이후에 회의록이 공유되어도 읽어보지 않는 경우도 많죠.

회의록을 회의 이후에 자꾸 열어보는 경우라면, 또 회의록 문장에 여러 사람이 이런저런 의견을 다는 경우라면 이는 위중한 상황(?!)이라는 뜻입니다. 나중에 다른 말을 할 수 있는 상황이니 명확히 따지는 거죠. 초기에는 이것 때문에 여러 장단에 춤을 춰야 했습니다. A부서와 회의 후 들은 대로 (정말 들은 대로) 회의록을 정리해서 배포하니 바로 A부서 선임의 전화가 옵니다. 한참 깨진 뒤 수정하면 이번에는 B부서 선임의 전화가 옵니다. 서로 말이 막 다르죠. 한국말은 듣기에 따라 다양한 해석이 되는 경우가 많습니다. 가령 회의 석상의 분위기로는 '다른 의견이 없었다 = 동의'였는데 막상 회의록에 그런 뉘앙스로 기재하면 아니라고 하는 경우죠. 회의록 담당자는 집에 가고만 싶어집니다.

3. 회의록 양식은 중요한 게 아니었다

이것도 제가 빠졌던 큰 오류 중에 하나인데요. 회사의

번쩍거리는 (뭔가 멋있어 보이는) 회의록 양식에 집착했습니다. 이게 무슨 말인고 하니, 내용보다는 보이는 형식에 집착한 거죠.

가능하면 한 장 안에서 주요 사항을 요약하고 꼭 필요한 내용을 뒤에 붙이고자 했는데, 한 장에 압축하다 보니 서술어의 주어가 이상하게 생략이 됩니다. 문장을 쓴 저는 제가 뭘 쓰고자 했는지 아니까 이 문장이 이상해 보이지 않는데, 모르는 사람이 보면 이상하게 보입니다. 예를 들면 이런 식입니다.

- 원래 하고 싶었던 말 | X마케팅 비용은 A부서의 예산으로 사용하기로 함. 단, A부서의 Y 마케팅 비용이 과도할 경우에 한하여 B부서의 Z예산을 전용해서 사용하기로 A, B부서장 모두 합의함.
- 회의록에 축약하는 말 | A부서 예산을 사용하되 부족분 발생 시 B부서 예산 사용 합의.

이 정도에서 끊어야 문장이 다음 줄로 안 내려갔거든요. 문장은 줄일수록 깔끔해지지만 마구 잘라내면 안 줄임만 못합니다. 뭘 줄이고 뭘 넣어야 할지 알아야 하는데 그때는 그걸 몰랐습니다.

위에 설명한 내용을 종합해보면, 회의록을 잘 쓰는 사람은 '일잘러'라고 봐도 됩니다. 업무의 히스토리와 이슈를 잘 파악하고 있으며, 이해관계자 간 역학관계를 바탕으로 조율이 가능한 사람이니까요. 그래서 회의록만 봐도 업무 내공이 나옵니다.

사실 단순히 회의 내용을 정리하는 것은 누가 해도 되지만, 가장 효율적인 회의는 사실 다음 단계(누가 무엇을 언제까지 할 것인가)를 정한 회의입니다. 이게 없으면 진도가 안 나가니까요. 회의록의 아이러니는 일잘러 후배가 여기까지 회의를 끌고 나가기 어렵다는 거죠. 그래서 회의록은 회의에 참석한 최상급자가 쓰는 것이 더 효과적일 때가 많습니다.

회의 맥락에 맞춰 결과를 효과적으로 빠르게 축약할 수 있는 사람, 참석자들의 이견을 빠른 시간 내에 조정할 수 있는 사람, 회의록 양식에 연연하지 않고 메일 본문에 붙여서 빠르게 공유할 수 있는 사람. 이를 종합해보면 적임자는 막내가 아니라 그 회의에 참석한 최상급자거든요.

회의록 쓰기가 잡일 같아 보이지만 경우에 따라 엄청나게 중요한 업무가 될 수 있습니다. 각 회사의 임원들이 만나 회의를 했다면 그 회의록의 무게는 장난이 아니겠죠. 회의록을 어떻게 쓰고 있는지 한번 돌아보시는 것도 좋겠습니다.

우리
장표

푸르게
푸르게

다들 회사 컴퓨터에 MS오피스가 설치되어 있을 겁니다. 이중 가장 많이 쓰는 프로그램이 어떤 것일지 궁금하네요. 아래아한글? 아니면 워드? 또는 엑셀이려나요. 분명 파워포인트라 답하신 분들도 있을 텐데요, 오늘은 제 회사생활의 많은 부분에 큰 영향을 끼쳤던 파워포인트에 대해 이야기해보려 합니다. (깊은 한숨)

파워포인트는 MS에서 프레젠테이션을 위해 만든 프로

그램입니다. 학생 때 컴퓨터 좀 했었던 저였지만 회사에 와서 가장 놀랐던 것이 있는데요. 여러 사람 앞에서 발표하라고 만들어놓은 이 프로그램을 가지고, '보고서'를 쓰고 있는 선배들의 모습이었습니다. 빌 게이츠는 이런 용도로 쓰일 것을 예견했었을까요? 했다면 나쁜 사람입니다. 제가 입사했던 대기업에서는 당시 한창 이런저런 컨설팅을 받는 게 유행이었고, 이름만 들으면 알만한 수많은 글로벌 컨설팅사들이 보고서를 찍어내고 있었습니다. 그중 많은 프로젝트를 수행했던 M사와 A사의 PPT 양식이 회사 내에 대유행 중이었죠.

컨설팅사의 장표들은 정말 근사합니다. 보고 있으면 '우와' 하는 감탄사가 절로 나옵니다. 장표마다 가득한 표와 그림들은 어찌 그리 멋있는지…. 여러 도형을 조합해서 만들어내는 희한한 그림들은 일종의 예술 같았습니다. 파워포인트에서 저런 도형과 표가 나올 수 있다는데 놀란 게 한두 번이 아닙니다. 컨설턴트가 작업하는 걸 옆에서 보신 적 있나요? 단축키를 써가며 현란하게 장표를 찍어내는 (정말 찍어냅니다) 모습을 보고 있으면 프로게이머 같습니다. 주니어인 제게는 그런 게 엄청나게 멋있어 보였습니다.

보기 좋은 떡이 먹기도 좋다는 건 맞는 말입니다. 장표를 잘 만들면 물론 좋은 일입니다만, 제 경우는 너무 여기에 몰입한 게 문제였습니다. 흔히 말하는 겉멋이 들기 시작한 것입니다. HDD 한구석에 컨설팅 보고서들을 하나둘씩 모았습니다. 이 보고서 중에 멋있고 근사한 도형이나 표가 있으면 다시 잘 모아두었죠. 그리고 보고서를 쓸 일이 있을 때마다 멋진 장표를 가져다가 붙여 넣었습니다. 오와 열을 맞추고 그럴듯한 말들을 헤드라인에 넣으면 (뭔가 컨설팅 보고서 같은) 그럴싸한 결과물이 나왔습니다. 어릴 때 저는 이게 일을 잘하는 거라고 생각하고 있었습니다. 큰 착각이었죠.

너무 당연한 말이지만 보고서는 본인이 하고 싶은 말을 간결하고 빠르게 전달하는 게 목적입니다. 디자인의 우수성을 겨루는 장이 결코 아닙니다. 주니어 때의 제가 배워야 했던 건 예쁘고 멋진 장표 디자인이 아니었습니다. 하고 싶은 말이 무엇인지, 그리고 가장 빠르고 간결하게 그걸 전달하는 방법을 배워야 했죠. 그렇지 못한 데에는 파워포인트라는 툴 자체의 속성 탓이 컸습니다.

워드나 아래아한글과 달리 파워포인트는 일종의 캔버스입니다. 그런데 다양한 형태로 발표 자료를 보여주라고 만들어놓은 것이 보고서로 사용되기 시작하면서 문제가 생겼습니다. 똑같은 내용이라고 해도 디자인, 색감 등에서 차이가 나면 큰 격차처럼 보이게 된 것이죠. 한편으로는, 부족한 내용이더라도 디자인을 잘하면 '있어 보이게' 만들 수 있었습니다.

겉멋이 잔뜩 든 주니어 길진세의 앞날은 어두웠어야 하는데 그렇지 못했던 게 비극의 시작이었습니다. 제 결재 선상에 계시던 분들은 내용은 뜬구름이더라도 컨설턴트 장표를 가져다 버무린 제 장표를 좋아하셨거든요. (지금 생각하면 이분들도 내용을 안 보셨던 것 같습니다…) 몇 번 이렇게 안타를 치니 저는 우쭐해졌습니다. 대단한 보고서도 아닌, 팀 회의용 사업 아이템이나 임원용 주간보고서를 이렇게 만들면서 저의 자만심은 하늘을 찌르고 있었습니다.

이러다 지표면으로 추락하게 된 건, 절정 고수들의 TF_{Task Force}에 차출되면서였습니다. 당시 K사는 무선인터넷 전략을 수립하기 위해 사내의 전략가들을 모아 TF를 만들었습니다. 제가 있던 본부에서 이를 주관한 터라 저도 운이 좋게 합류할 수 있었습니다. 주니어다 보니 간단한 앞뒤 소개 장표라던가 각 파트별 과·차장님들이 작성한 자료를 수합하는 등의 업무를 담당했는데요. 그때 큰 충격을 받았습니다.

수백 장의 PPT 보고서가 디자인이 아니라 글자로 말하고 있었습니다. 이미지는 투박하고 단순했지만 알아보기 쉬웠고, 꼭 필요한 자리에서 필요한 말을 하고 있었습니다. 도형, 글자 모두 최소한으로 사용하는 것이 보였습니다. 이 모든 게 겉멋만 잔뜩 든 저와는 달랐습니다. 보고 있으면 설득이 되는 경험은 참 신기했습니다. 6개월 정도 운영되었던 그 TF에 있는 동안 저는 PPT를 어떻게 만드는지 처음부터 다시 배우기 시작합니다. 고수 선배들 사이에 있다 보니, 진짜 잘해보고 싶었습니다. 처음 제가 만든 장표를 본 선배들의 표정이 굳어지는 것을 보니, 쥐구멍에라도 들어가고 싶었거든요.

그때 제가 배운 것은, PPT는 (용과 호랑이가 뛰노는) 디자인이 문제가 아니구나 하는 것입니다. 논리 전개 방식과 간결한 메시지, 영리한 구성이 중요한 것이었습니다. 글로 읽으면 '뭐야, 당연한 소리 아니야' 싶으시겠지만 PPT

는 디자인의 마력이 있어서, 여기서 벗어나기란 참 어려웠습니다.

이런저런 경험을 하며 저는 그렇게도 원하던 PPT의 고수가 되었을까요? 아니요. 어떤 경험을 하며 한 번 더 크게 변했는데요. 이후 저는 또 다른 프로젝트에 참여하게 됩니다. 제가 속한 회사와 모 그룹의 M&A 프로젝트에 투입된 것이죠. 그 프로젝트의 팀장님은 그야말로 PPT 성애자, PPT 덕후, 인생이 PPT…라고 할 수 있는 분이셨습니다. '스마트'와 'PPT 사랑'과 '농업적 근면성'. 말만 들어도 무서운 3종 세트를 갖추신 분이셨죠. 이 3가지가 힘을 합치면, 회사가 집이 되는 마법이 일어납니다. (퇴근이 뭔가요? 먹는 건가요? ㅜㅜ)

프로젝트가 진행됨에 따라 상대 회사와 몇 차례 미팅을 가졌고, 이후 사업 방향과 아이템을 논의하기 위해 갑작스레 양사의 1일 워크숍이 열리게 됐습니다. 논의 사항은 명확했습니다. '우리는 이런 게 있어, 너희는 이런 게 있지. 그러니 우리 이런 걸 해볼까?'를 얘기하기 위한 자리였죠.

워크숍을 한다는 것을 듣고 제발 팀장님이 안 그러시길 바랐습니다만… 네, 슬픈 예감은 결코 틀리지 않습니다. 워크숍 전날, 팀장님은 전체 어젠다를 PPT로 만들기 시작합니다. 팀원들이 굳이 이럴 필요까지 있느냐고 만류했지만 어쩔 수 없었습니다. 저희 팀원 전부는 한 땀 한 땀 장표를 치기 시작합니다. 팀장님과 한 장 한 장 그리다 보니 어느덧 동이 터 왔습니다. 네, 저희 팀 전체는 다음날 'Full day 워크숍'임에도 불구하고 밤을 새운 것이죠. 사무실로 햇살이 비치는 가운데 저희가 만든 수십 장의 PPT가 화면에서 영롱하게 빛나고 있었습니다. 피곤했지만 뿌듯함이 느껴졌습니다. 하여간 뭔가 밤을 새워서 만들었으니 해냈다는 생각이 들었죠. 그 후로도 이 팀장님과 많은 밤을 새웠지만 그때가 유독 기억나는 이유는 그날 아침에 워크숍 장소에 가서 있었던 일 때문입니다. 저희는 힘들지만 뿌듯함을 느끼며 회의실에 들어섰습니다. 이어서 밤을 새우신 팀장님의 발표가 있었습니다. 상대 회사는 감탄사를 연발하며 발표를 지켜보았습니다.

"이야, 짧은 시간 동안에 이렇게 만들어 오셔서 발표하시다니 정말 대단하신데요. 이러면 저희가 너무 비교되는데. 하하."

이어서 상대 회사가 발표 자료를 스크린에 띄웠을 때,

저희 팀은 깜짝 놀랐습니다. 발표 자료는 평범한 워드였습니다. 대단한 양식도, 화려한 이미지도 들어가지 않은 폰트 '신명조'의 고풍스러운 워드.

발표를 워드로 하는 것도 인상적이었지만 내용 때문에 다시 놀랐습니다. 아주 필요할 때 아니면 이미지도 쓰지 않은 채 표를 주로 사용했고, 강조할 부분에 대해 볼드를 사용하는 것 외에 다른 치장도 없었습니다. 하지만 내용을 보면, 이들은 자신들의 업무에 대해 정말 잘 이해하고 있었습니다. 오히려 저희 자료는 겉으로는 화려하지만 내용은 뜬구름이었던 반면, 상대 회사는 자신들의 업무 내용을 바탕으로 실현 가능한 주제를 논하고 있었습니다.

물론 갑자기 저희 또는 상대측의 임원이 참석했다면, 저희의 PPT가 훨씬 큰 의미를 가졌을 거라고 생각합니다. 뭔가 열심히 한 것처럼 보이니까요. 저희 팀장님도 거기까지 내다보고 밤샘 작업을 주장했을 수 있습니다. 하지만 실무 밑바닥에 있던 제게는 그날의 워크숍이 상당히 큰 충격이었습니다. 작업하고 있는 실무자의 모습이 마음속에 그려졌기 때문입니다. 파워포인트를 쓰지 않고 워드로 작업을 하게 되면 아이템과 내용에 대해 고민할 시간

을 더 확보할 수 있었을 테니까요.

그날 워크숍은 말씀드렸듯 하루 종일 이루어졌습니다. 점심을 먹고 나자 저희 팀원들은 하나둘씩 졸린 눈을 비비기 바빴고, 그날 저녁 회식까지 이어지면서 그야말로 철인 3종(야근+밤샘+소주) 경기에 임해야 했습니다. 상대방 회사에 저희의 PPT 저력을 보여주었을지는 모르나, 그 외에 무엇을 얻었던 건지 지금도 알쏭달쏭한 기억입니다.

PPT에 대해서는 다음과 같이 정리해볼 수 있겠네요.

1. 가능한 PPT를 쓰지 않는 게 최고다

쓰지 말라고 하니 워드 뒤에 괜히 'Appendix' 한 다발을 만든다거나, PPT로 만들어서 워드에 그림으로 붙인다거나 하지 마시고요. PPT는 오로지 발표할 때만 씁시다, 제발. (물론 공허한 외침인 것을 잘 압니다만…)

2. 꼭 보고서로 써야 한다면 내용에 집중하고 꾸미기는 최소화한다

개떡 같아도 사안을 쉽게 설명하는 보고서가 훨씬 좋은 겁니다. 불타는 예술혼은 퇴근 후 집에 가서 피규어라도 만들며 달래줍시다.

3. 진도가 안 나간다면 콘텐츠의 본질을 얼마나 이해하고 있는지 자문해보자

하고 싶은 말이 머릿속에 다 있다면 진도가 안 나갈 수가 없습니다. 사실 이건 일기든, 소설이든 인간의 모든 저작물에 똑같이 해낭하는 말입니다. 상표 도형을 고민하기 전에 여기에 쓰고자 하는 말이 뭔지 생각해봅시다.

아마 오늘도 무수히 많은 직장인들이 PPT 화면을 모니터에 띄워놓고 화공(畵工)이 되어있을 것입니다. 또 무수히 많은 A4용지들이 이면지로 희생되고 있겠지요. 우리 장표는 오늘도 푸르고 푸르지만, 대체 이 행위의 본질은 무엇인지 늘 생각해봤으면 합니다.

회사에서

말을
잘하는 방법

저는 신입사원 때부터 사람들과의 커뮤니케이션이 참 어려웠습니다. 저보다 다 윗사람이기 때문에 어려운 것도 있었고 말실수를 할까 봐 무섭기도 했습니다. 그래서 사람들이 모여 대화하는 자리에서는 은근히 과묵하게 있곤 했습니다. 가만히 있으면 중간은 간다는 말은 동서고금을 막론하고 진리입니다.

가만히 있다 보면 상대방이 '얘는 아는 거야, 모르는 거야?'라고 생각할 수 있다는 단점이 있습니다만, 말 잘 듣는 (것처럼 보이는) 부하직원으로 포지셔닝할 수 있다는 장점도 있더군요. 하지만 고참이 되어가면서 더 이상 과묵하게 있을 수가 없었습니다. 업무의 중심이 되는 경우도 많았고, 의견을 분명하게 말해야 하는 상황도 계속 생겼습니다.

엄청나게 많은 실수를 했고, 혼나고, 상처주고 상처받고 그랬습니다. 모든 커뮤니케이션이 어려웠습니다. 대화를 잘한다는 게 원래 어렵지만 업무는 더하죠. 이 세상 어떤 노동자도 일을 더 하는 것을 원치 않습니다. 자기가 한 일을 수정하는 것도 원치 않죠. 그러니 회사 내에서의 말하기는 어렵습니다.

차마 여기 적을 수 없을 정도로 많은 실수를 저도 했습니다. 시간이 지나도 간담이 서늘해지는 그런 것들인데요. 다른 분들은 저 같은 과오를 겪지 않으시길 바라며, 고난의 세월 동안 제가 익힌 회사에서의 대화 방법을 소개해볼까 합니다.

1. 대안을 가지고 말하는 습관을 가지면 좋습니다

흔히 프로 불편러라고 하는, 밑도 끝도 없이 비판만 하는 사람을 주변에서 찾는 건 어렵지 않습니다. 멀리 갈 것 없이 정치권에 대해서 주변에서 논평하는 걸 한 번 보세요. 아무개 당이 잘했네 못했네는 다들 청산유수입니다만, 그러면 대체 어쩌자는 것이냐에 대해서는 다들 조용해집니다. ^^;;

비판은 엄청나게 쉽습니다. 그냥 욕하면 됩니다. '××가 문제네', '○○가 뭐냐, 그거밖에 못하냐'라고 말하기는 쉽죠. 그런데 대안은 어렵습니다. 문제가 무엇이고, 주변 상황이 어떤지 등에 대한 제반 지식이 있어야 합니다. 어설픈 대안은 공격받기 딱 좋으니까요. 평소에 생각하고 있던 주제면 모를까 막 던지는 대안은 안 하느니만 못하죠.

대화할 때 대안을 항상 제시하는 사람은 그래서 큰 장점이 생깁니다. 가벼운 이미지를 주지 않게 되며 다들 경청하게 됩니다. 그리고 이 습관이 들면 정말 좋은 게 있는데요. 쓸데없는 말을 하지 않게 됩니다(매우 매우 매우 중요!!!).

가만히 있으면 중간 가는 거 맞습니다. 건설적인 비판이 가능하도록 대안을 제시할 수 없다면, 전체 청중의 의견이 흐를 수 있도록 불필요한 말을 안 하는 게 최선입니다. 습관으로 들일 수 있도록 노력하세요. 큰 효과가 있을 겁니다.

2. 예봉(銳鋒)을 피하고 말합시다

운전대만 잡으면 성격이 거칠어지는 사람이 많습니다. 왜 그럴까요. 성격이 너러워서가 아니라 (물론 그런 사람도 있지만) 본질은 '사고 나는 게 무섭기' 때문입니다. 회사에서의 대화도 비슷합니다. 여기서 밀리면 본인 일이 되기 때문일 수도 있고, 회사에서의 내 입지가 공격받는 게 두려울 수도 있죠. 그러다 보니 공격적이 되고 대화에 날이 섭니다.

의견이 양립하는 상황이 되었을 때 가능하면 상대방의 주장을 바로 받아치지 말고 흘리세요. 즉답보다는 시간을 두고 고민한 후 대화하는 방법을 추천합니다. 사실 이 방법에 대해서는 논란의 여지가 있을 수 있습니다. 애자일 Agile을 강조하는 스타트업 대부분은 빠르고 직선적으로 말하죠. 감정보다는 업무가 우선이니까요. 업무에 감정을 배제하고 치열하게 토론하는 스타트업에선 한 템포 쉬고 말하는 게 생소한 문화입니다. 하지만 제가 경험한 모든 대기업/스타트업의 공통점이 있었는데요. 바로 사람! 그것도 한국 사람의 특징은 기업 크기에 구애받지 않는다는 것이었습니다.

이러니 저러니 해도 사람은 감정의 동물이고, 우리 민족의 삶에 대한 '치열함'은 대화라고 해서 다르지 않습니다. 일과 감정을 칼같이 분리하는 사람이라고 해도 결국 감정적으로 격해지는 시점이 옵니다. 그러니 10분이건 하루건 인터벌을 두고 대화하는 스킬을 장착하세요. '오늘 이 순간 끝장을 보지 않으면 안 되는 이슈'라는 건 그렇게 많지 않습니다. 상대방의 날 선 공격을 받아내고 반격도 할 수 있는 좋은 방법입니다.

3. 유머와 미소는 언제나 먹힙니다

웃는 얼굴에 침 뱉기 어렵다는 말은 사실이더라고요. 대화 중에 잘 웃으세요. 가능하면 썰렁하더라도 농담도 자주하고요. 이렇게 하면 여러 가지 효과가 있습니다.

먼저 상대방이 편하게 말하도록 해줍니다. 특히 아랫사람이 윗사람과 대화할 때 훨씬 편한 분위기를 만들어주죠. 예전에 보고만 하면 시도 때도 없이 화를 내는 상사를 모신 적이 있는데, 보고할 때마다 위축되고 자존감이 바닥을 쳤습니다. 그러다 보니 웬만한 일로는 보고를 안 하게 됩니다. 무서우니까요. 하늘이 무너질 일 아니면 보고를 피하게 됩니다. 상사 얼굴 보느니 그냥 묵히고 넘어가려 하게 됩니다.

상하관계가 아니어도 미소는 대화에 중요합니다. 상대방에게 내 몸과 표정의 제스처는 시그널이 되어줍니다. '난 이 대화가 불편하지 않아요', '난 이 주제로 기분 나쁘지 않아요'라는 신호. 상대방의 눈은 늘 우리를 살피고 있으니까요.

제가 대중심리 전문가나 평론가는 아니지만 극단적인 개인주의가 현 트렌드임은 자신 있게 말할 수 있습니다. 회사 내에서 눈인사조차 안 하는 사람이 부지기수이고, 업무든 일상이든 본인이 우선입니다. 각자도생이란 말이 이상한 말이 아닌 시대죠. 코로나 이후로 더 심해지는 것 같습니다. 그런데 아이러니하지만, 개인주의 시대일수록 대화를 매끄럽게 하는 기술은 훨씬 더 중요한 변수가 됩니다. 각자도생은 결국 남보다 뭐라도 나아야 살아남을 수 있다는 것을 의미하니까요.

슈퍼
프레젠터가

되는
법

여러분은 발표 좋아하세요? (몇 분이나 좋아한다고 하실지 궁금합니다.) 대학교 때부터 많이 보던 장면이 생각납니다. 조별 과제에서 발표는 누가 맡을 것인가를 정할 때 다들 먼 산만 바라보던 모습. 술 먹을 땐 그렇게 친하더니 다들 꿀 먹은 벙어리가 됩니다. ^^;

사실 발표는 프로젝트의 꽃이고 자신을 알리는 좋은 수단입니다. 화룡점정이란 말이 괜히 나온 게 아닙니다. 개떡 같은 내용도 멋들어진 발표 한 번이면 순식간에 용과 호랑이가 승천하게 할 수 있죠. 그럼에도 불구하고 발표는 우리 직장인들에게는 스트레스의 대상입니다.

저는 발표를 꽤 잘합니다(제 책이니 꼭 한번 잘난 척을 해보고 싶었…). 잘한다기보단 어려워하지 않는다는 게 맞겠네요. 적어도 저는 다른 사람과의 대화보다는 미리 연습하고 준비할 수 있는 발표를 좀 더 편하게 생각했던 것 같습니다. 일단 얼굴이 두꺼워서 청중들의 시선을 잘 버티는 게 중요하기도 했고요.

최근 주변 동료 몇이 발표 때문에 스트레스를 받는 것을 보고, 저도 생각해보게 되더군요. 발표를 잘하려면 어떤 부분이 더 필요할까에 대해서요.

1. 싸울 자리를 잘 고릅니다 - 주제와 청중

사실 잘된 발표와 그렇지 못한 발표는 이미 다 정해져 있습니다. 당장 저한테 핀테크 관련 발표를 누군가 요청한다면 어렵지 않게 준비해서 발표할 수 있습니다. 하지만 '테넷TENET으로 보는 물리학과 양자역학'(?!) 이런 주제라면 이야기가 다르죠. 그러나 초등학생들을 대상으로

라면(?!) 또 해볼 만할 겁니다. 관련 전공 교수님들 앞이라면 절대로 해선 안 될 것이고요. 무슨 뜻인지 이해하실 겁니다. 발표에 임하기 전에, 주제와 청중에 대한 정보를 확인하여 판단해야 합니다. 잘된 발표는 발표자가 잘하는 것도 중요하지만, 처음부터 이길 수 있는 판을 만들고 시작하는 것이 제일 좋습니다. 이것만 잘해도 반은 이기고 들어갑니다.

2. 발표 자리에서는 내가 '킹왕짱'이라는 세뇌가 중요합니다

판을 잘 깔았다면, 준비도 잘해야겠죠. 하지만 가장 중요한 건 엄청난 자신감입니다. 말 그대로 '엄청난' 자신감을 본인에게 불어넣도록 하세요. 저는 발표 자리에 설 때마다 스스로 마인드 컨트롤을 합니다.

'이 자리에서 이것 관련해서 나보다 잘 아는 사람은 없다. 그러니 설령 내가 틀려도 그걸 지적할 수 있는 사람은 없다.'

어찌 보면 우습지만 이 방법은 엄청난 효과가 있습니다. 발표 무대에 서있는 발표자의 표정, 말투, 손짓… 이 모든 건 장표 이상의 메시지를 던집니다. 불안한 시선, 펴지 못한 어깨와 숙인 고개, 떨리는 말투. 청중들은 귀신같이 압니다. 이러면 아무리 내용이 좋아도 이미 망한 발표가 됩니다.

하지만 (왜인지 모를) 당당함, (왜인지 모를) 자신감에 찬 눈빛, 흔들림 없는 목소리. 이러면 내용의 충실함과 관계없이 잘된 발표처럼 보입니다. 동네 꼬맹이들 주먹싸움과 비슷한데요. 발표는 기세가 중요합니다.

사실 발표 자리에서 해당 주제에 대해, 발표하는 사람만큼 잘 알고 있는 사람은 잘 없습니다. 의외로 많은 발표자들이 걱정하는 포인트는 따로 있습니다. 실수에 대한 두려움과 이에 대한 지적을 받는 것입니다. 발표의 충실성보다 '타인의 시선'을 의식하는 게 큰 거죠. 앞서 제가 말씀드린 걸 계속 되뇌시면 많은 도움이 될 겁니다. 발표 자리에서만큼은 내가 최고다, 아무도 뭐라 못할 것이다, 라고 자기 암시를 계속하시길 추천드립니다.

3. 사실 연습한 만큼 되는 건데, 못했으면 '흐름'이라도 외웁시다

'Practice makes Perfect'는 진리입니다. 발표만큼 반복적인 연습이 효과적인 것도 없습니다. 연습을 많이 하면 발표 퀄리티는 상승합니다. 주니어 시절에는 제가 직접 발표할 일이 많지 않았습니다. 그래서 어쩌다 발표를 하게 되면, 시간 날 때마다 발표를 연습했습니다. 자다가도 연습하고 출퇴근하다가도 연습합니다. 두 눈을 감고 발표장에 있는 제 모습을 계속 떠올리면서요.

그런데 선임이 되어가며 발표 자리가 많아지니, 시간이 없어서 매번 그렇게 연습할 수가 없습니다. 또 어느 정도 경륜(?!)이 쌓이다 보니 그렇게까지 할 필요가 있나 싶기도 합니다. (물론 체력도 안 됩니다⋯) 그래서 살살 요령을 부리게 됩니다. 흐름을 외우는 건데요. 말하자면 물 흐르듯 진행되는 발표를 만들려고 노력하는 거죠.

발표 장소, 청중, 주제, 발표 시간이 확정되면 장표 제작 때부터 이를 반영한 저만의 '흐름'을 만듭니다. 이야기를 풀어나갈 스토리라인 같은 건데요. 전체 뼈대를 잡고, 장표 페이지 단위로 어디서 어떤 이야기를 할지 가지를 칩니다. 여기에 기반해서 장표를 구성합니다. 이때 중요한 건, 안 외워도 될 정도로 자연스러운 흐름을 만들어야 한다는 겁니다. 그러나 반대로 대부분 외워야 할 정도로 흐름을 꼬아서 만들면 문제가 되고 발표가 어려워지죠. ^^;;

'대체 자연스러운 흐름이란 게 뭐냐!'라고 물으실 텐데 체크 방법은 간단합니다. 발표 자료를 다 만드신 다음에 다음 사항을 체크해봅시다.

- 장표를 빠르게 님기면서 입으로 꼭 해야 할 말만 빠르게 말해봅시다. 한 문장 정도씩.
- 장표를 안 보면서 할 수 있나 봅시다.

이거면 됩니다. 이게 술술 되면 다 되신 겁니다. 이렇게 글로 적어두면 당연한 소리를 적은 것처럼 보입니다. 그런데 회사생활하면서 흐름이 무너진 발표를 너무 많이 봤습니다. 왜 그런가 돌이켜 보면 대부분 아래 이유죠.

- 사공이 많다 보니 발표 자료에 너무 많은 내용이 담겼다.
- 발표자도 말하고 싶은 바를 명확히 모르더라.
- 장표마다 메시지가 다르더라.

이런 실수를 피해 자연스러운 흐름을 만드는 데 집중하시길 바랍니다. 가급적 발표 준비 초반에 뼈대를 잡아야 합니다. 나중에 하면 보고서 마무리 시점이라 힘들어질 수 있습니다. 뭔가 이상한데 다 뜯어고치진 못하겠는 상황이 나오는 거죠. 흐름을 잡고 있으면 발표가 두렵지 않습니다.

4. 아이 컨택과 장표 안 보기를 연습하세요

발표를 잘하는 사람들은 많은 스킬을 가지고 있습니다. 쓰자면 한도 끝도 없지만 꼭 말씀드리고 싶은 2가지가 있는데요. 바로 아이 컨택과 장표 안 보기입니다. 사실 이 둘은 비슷한 말입니다. 청중과의 아이 컨택 중요성은 더 말할 필요가 없을 정도로, 거의 모든 프레젠테이션 관련 서적에 등장하는 말이죠. 몸으로 할 수 있는 제스처 중 가장 영향력이 크기 때문에 중요합니다.

어깨가 굽어있다거나 표정이 어둡다거나 한 것보다 아이 컨택이 안 되는 게 훨씬 큰 문제입니다. '눈은 마음의 창'이라는 옛말이 딱 맞거든요. 힘을 주고 노려볼 필요까진 없겠으나 편안한 인상으로 모든 청중에게 골고루 계속 시선을 주는 것은 정말 중요합니다.

아이 컨택을 잘하는 프레젠터는 장표로 시선을 돌리지 않습니다. 물론 프로들의 중요한 PT에서는 장표 화면을 별도의 모니터로 앞에 두기 때문에 아이 컨택이 훨씬 쉽습니다. 청중에겐 보이지 않는 모니터를 보통 맨 앞자리에 두기 때문에 뒤를 돌아본다거나 해서 흐름을 끊지 않죠. 이렇게 진행되는 PT는 상냥한 안정감을 선사합니다. 장비가 있는 발표장이라면야 좋겠지만 대부분 그렇지 않기에 발표자가 장표와 장표 사이의 이음매를 암기하는 것이 좋습니다.

말씀드린 것처럼 청중은 발표자의 모든 제스처에서 메시지를 읽습니다. 발표자가 뒤를 돌아보지 않고 리모컨을 클릭하여 다음 장표의 말을 자연스럽게 이어간다면 큰 신뢰를 받습니다. 실제로 보면 꽤 멋있습니다. 이렇게 하는 사람이 얼마 없거든요.

사실 남 앞에 서는 것은 참 어려운 일입니다. 단순히 발표 내용이나 발표 스킬의 이슈가 아니라 타고난 성격 영향도 크고요. 쉬운 듯 주저리주저리 적어 내려갔지만 저

역시 많은 사람들의 시선을 받고 있을 때는 등줄기에 식은땀이 여전히 흐릅니다. 그럼에도 불구하고 직장인에게 발표력은 중요합니다. 여러분이 잘 해내는 만큼, 기회를 더 가져다주기 때문입니다. 제대로 두각을 나타낼 수 있는 수단이니까요. 그리고 본말이 전도되는(?) 특이한 경험도 선사한답니다. 발표를 잘하면 다른 점들도 뛰어나 보이는 이상한 후광 효과가 있습니다. ^^;;

세계
평화는

파일
정리로부터

우리 직장인들은 매일 참 바쁩니다. 출근하고 정신없이 지내다 보면, 얼마 되지 않은 것 같은데 퇴근 무렵입니다. 일은 늘 산더미 같이 남아있죠. 업무에 치여 살다 보면 공통적인 특징이 나타납니다. 그중 하나는 바로 '바탕화면'이나 '내 문서', '다운로드' 폴더에 파일이 쌓여있다는 겁니다. 혼돈의 카오스 그 자체인 바탕화면을 보고 있으면 절로 한숨이 나옵니다. 분명 어디 둔 파일인데 찾질 못하겠습니다. 업무 효율이 확 떨어지는 경험을 하면서 저는 늘 다짐했습니다.

'날 잡아서 이거 다 한 번 정리해야지.'

유니콘, 로또 1등, 여자 친구, 그리고 '파일 정리하는 날'은 환상 속에만 있습니다. 매일 쏟아지는 업무 평계를 대봅니다만, 제 게으름을 인정할 수밖에 없습니다. 늘 해야지 해야지 하면서도 이런저런 평계로 불편함을 버텨봅니다.

그런데 입사 후 꽤 시간이 지나고 보니 게으름만이 문제가 아녔습니다. 막상 큰맘 먹고 정리를 하려 해도 어디서부터 시작해야 할지 엄두가 나지 않았습니다. 문헌정보학과가 왜 있는 것인지 회사 들어와서 폴더 정리하다가 절감했습니다. 파일과 폴더 정리는 독한 마음만으로 되는 게 아니었습니다. 경험에서 나오는 방법론이 필요했죠.

인터넷에 조금만 검색해봐도 파일/폴더 정리법은 엄청나게 나옵니다. 사회 초년생 시절에는 열심히 고수들의 노하우를 보고 배우려고 했지만, 생각처럼 쉽게 배울 수 있는 게 아니더군요. 오늘은 그렇게 습득한 제 경험을 공유하려 합니다.

1. 업무와 자신에 대해 깊이 성찰해야 합니다

파일/폴더 정리 이야기를 한다면서 무슨 소리인가 싶으실 겁니다. 그런데 제가 늘 실패했던 가장 큰 이유가 바로 여기 있었습니다. 저는 제 업무와 저에 대해 너무 몰랐던 거죠. 글을 읽으시는 분들 모두 하시는 일은 다 다를 겁니다. 매일 반복되는 업무를 하시는 분들과 신사업을 하는 분들은 폴더 정리법도 달라야 합니다. 작년 업무와 올해 업무가 같은 사람은 굳이 연도별로 폴더 관리를 할 필요가 없죠.

저 같은 경우는 A프로젝트를 진행하다가 종료 후 B프로젝트를 하는 등 프로젝트 단위로 움직입니다. 그래서 연도별이 아니라 프로젝트별로 폴더 관리를 했습니다. 그렇지만 일하다 보면 프로젝트별 공통 파일도 다수 나타납니다. 제가 자주 참고하는 파일들도 있게 마련입니다. 흔히 말하는 'MECE Mutually Exclusive Collectively Exhaustive (상호중복이 없고 누락이 없는) 하지 않는 상황'이 계속 발생합니다.

이런 일을 방지하려면 정말로 자신과 일에 대해 고민해야 합니다. 마인드맵으로 정리해가며 자신의 행동 패턴을 고민해보세요.

- 내가 늘 하는 일, 자주 쓰는 파일은 무엇인지? 왜 그러는지?

: 분명히 자주 쓰는 파일은 따로 있습니다. 이 파일을 열기 위해 '탐색기를 켠다 - 폴더를 찾아 들어간다 - 폴더를 찾아 들어간다…'를 몇 번 하는지 세어보세요. 클릭 수가 많다면 고칠 필요가 있는 겁니다.

- 내가 지난 1주일간 메일/메신저로 보내고 받은 파일은 무엇인지? 그 보관은 어떻게 하고 있는지?

: 나와 내 업무에 대한 성찰이 힘들다면 메일함의 보낸 편지함/받은 편지함을 잘 살펴보세요. 전지적 3인칭 시점으로 보셔야 효과가 좋습니다. 내가 무슨 메일을 주로 보내는구나, 난 이런 일을 이렇게 하고 있구나…. 깨달음을 얻는 데 사실 메일함만 한 것이 없습니다.

- 업무를 위해 파일을 찾아 열 때 나는 어떤 사고 과정을 거치는지?

: 좀 어려운 기술입니다. 어떤 파일이 필요하다는 것

을 자신이 어떻게 자각하는지 그 과정을 되짚어보는 겁니다. 파일이 필요하다는 것을 생각해내는 방식은 사람마다 다 다릅니다. 저 같은 경우는 HDD에 보관하는 파일도 있지만, 아웃룩 받은 편지함에서 찾아내는 경우가 훨씬 많습니다. 어떤 파일을 어떤 프로젝트에서 사용했다고 기억하기보다, 누가 만들어서 제게 보냈는지를 기억하는 게 빠르기 때문입니다. 이는 정말로 사람마다 다르기에 자신이 어떻게 사고하는지 아는 것은 매우 중요합니다. 정리된 폴더 체계를 강제로 암기하는 것보다, 자신의 의식의 흐름에 맞춰서 폴더를 정리해두는 게 훨씬 좋기 때문이지요.

2. 숫자로 넘버링은 기본 + 폴더명은 가능한 짧게

인터넷 검색을 해보면 가장 많이 나오는 폴더 정리 방법이 바로 넘버링입니다.

01_주간보고

02_월간보고

....

이런 식으로 정렬하는 거죠. 윈도 탐색기의 정렬 기준이 폴더명인데 숫자를 우선해주기 때문에 이렇게 많이 합니다. 가시성이 좋아지기 때문에 저도 추천하는 방법입니다. 여기에 하나 더, 폴더명은 가능한 최대한 짧게 하는 것이 좋습니다.

무언가를 빨리 찾는다는 건, 우리 눈이 읽고 뇌가 이해하는 속도가 빠르다는 뜻입니다. 이를 위해서는 폴더명이 짧고 이해하기 쉬운 단어를 쓰는 게 가장 좋습니다. 폴더명이 길면 한두 개는 인지할 수 있지만 많아지면 한눈에 이해하기 어렵죠. 반면 파일명은 저 같은 경우 필요한 만큼 길게도 많이 쓰는 편입니다. 탐색기의 파일 찾기 기능으로 원하는 파일을 찾을 때 내용 검색이 안 되니까 제목에 내용을 걸어두면 편리하더군요.

'주간보고_다람쥐프로젝트_울랄라기업건_명명제약 같이 협의_본부장님이 찾던거_버전××.pptx'

이런 식입니다.

3. 필요하면 같은 파일을 여러 폴더에 복사해서 사용

많은 시행착오를 겪으며 최대한 동일한 파일을 중복해

서 두지 않으려고 노력했습니다. 그게 파일 관리를 잘하는 것이라고 생각했죠. HDD 여러 폴더에 같은 파일이 있으면 뭔가 잘못하는 것 같았습니다. 그런데 지나고 보니 제 착각이었습니다.

자주 여는 파일은 업무를 하는 폴더 가까이 있는 것이 생산성 향상에 도움이 됩니다. 그냥 손이 빨리 가는 곳에 두세요. 그게 중복되어도 됩니다. 예를 들면 '다운로드', '내 문서' 등입니다. 저는 자주 쓰는 파일은 여러 곳에 둡니다. 물론 숫자가 업데이트되는 파일이 아닌 참고자료들만 해당됩니다.

4. 하위 폴더는 2단계 이상 만들지 않는다

예전 MDIR이나 NCD 등의 탐색기 프로그램을 기억하는 분이 있으실지 모르겠습니다. 이들은 폴더와 폴더 간의 관계를 트리Tree 형태로 보여줘서 이해하기 편리했습니다. 무려 30년 전 프로그램이 지원하는 기능을 2021년의 윈도 10에서는 제공하지 않고 있습니다 -_-;; 이 말인즉슨, 탐색기로는 전체 폴더 구조가 한눈에 들어오지 않기 때문에 하위 폴더가 많아질수록 훨씬 복잡하게 느껴지게 된다는 것입니다. 다른 폴더의 내부 구조가 보이지 않기 때문에 가능하면 2단계 이상 폴더를 만들지 않는 것을 추천합니다.

제가 처음 사용한 컴퓨터는 메모리 128KB인 8비트 MSX2컴퓨터였습니다. HDD 같은 건 없고 플로피 디스크가 저장 장지의 전부였습니다. 이때는 파일 관리 스트레스가 크지 않았습니다. 그냥 플로피 디스크에 라벨 잘 써서 보관함에 넣어두면 되었습니다. 그리고 30년이 지난 지금 제 손 안에는 256GB의 폰이 들려있습니다. 대체 몇 배가 되어버린 건지 계산도 힘드네요.

저장 장치의 용량도 폭발하고 있지만 네트워크의 발달로 클라우드 저장도 일상화되었습니다. 이러니 파일 관리 스트레스는 앞으로도 계속될 거라 생각합니다. 각자 자신에게 맞는 방법을 잘 만들어서 마음의 평안을 찾으시길 바랍니다.

업무
메일

잘 사용하고
있나요?

놀라운 이야기입니다만, 제가 첫 직장생활을 시작한 통신회사는 이메일이 업무 기반이 아니었습니다. 1980년대에 입사했다면 모르겠지만, 무려 2000년대 중반 입사임에도 말이죠.

이메일 대신 전 직원은 사내 메신저의 쪽지(?!)를 통해 업무를 진행했습니다. 가물가물한 제 기억으로, 쪽지함의 유통기한은 3개월이었던 것 같습니다. 조직도와 연계해서 단번에 원하는 조직에 쪽지를 뿌릴 수 있었죠. 첨부파일을 붙인 쪽지가 하루에도 수십 통씩 오고 갔습니다. 이메일도 있긴 있었습니다만, 직원당 100MB의 공간이었고 그나마도 1주일에 한 통이 올까 말까 했습니다. 사내 메신저의 쪽지가 이메일을 완벽히 대체하고 있었죠.

뭐, 지금 스타트업에서 쓰이고 있는 'Slack'과 같은 솔루션 느낌일 수도 있겠지만 (꿈보다 해몽입니다) 직장 초년생으로서 저는 대단히 큰 위기에 빠지게 됩니다. 심지어 위기라는 사실도 몰랐죠. 바로 이메일 쓰는 법을 제대로 배우지 못하고 직장생활을 시작한 것입니다.

무려 입사 4년 차까지, 저는 이메일을 업무에 쓰지 않았습니다. 그러다가 외부업체와 프로젝트를 하게 되면서 큰 위기에 봉착합니다. 말이 무슨 필요가 있을까요. 그때 제가 썼던 메일을 복기해보면 이런 식입니다.

안녕하세요? A사 B과장님, 날씨가 점점 무더워지는 오후입니다. 졸릴 텐데 시원한 거라도 드시면서 힘내세요! 저는 A사 앞에서 파는 과일빙수가 맛있더라고요. (이모티콘 뿌잉뿌잉)

며칠 전에 제안해주신 프로젝트 파일은 잘 보았습니다. B과장님의 열정이 느껴지는 좋은 내용이었던 것 같습니다. 다만 전체적인 톤을 좀 더 저희 회사가 지향하는 바와 비슷하게 해 주시면 좋을 수도 있겠다는 느낌이 들기도 합니다…. 예전 회의 때 저희 팀장님이 언급하신 그런 방향이요…. 곧 저희 접수가 마감이라고 들었으니 재전송하시는 것이 어떨까 싶기도 한데 고민해보시면 좋을 듯합니다. 내일은 비가 온다고 하니 우산 잘 챙기시고요~ 날씨 더운데 건강도 잘 챙기세요~! 이만 줄입니다.

○○○본부 길진세 드림

쓰다 보니 손발이 오그라들어 키보드를 칠 수가 없네요. 잠시 격한 자기반성이 됩니다.

위 예시를 보면, 뭐가 문제인지 일일이 다 열거할 수 없을 만큼 문제가 많습니다. 아마 회사 경험이 어느 정도 있으신 분들은 다 보일 겁니다. 통렬한 자기반성으로 저 때 제가 왜 저런 식으로 메일을 썼나 생각해보면,

- 결국 상대방에게 다시 업무를 시켜야 하는데 받는 사람이 기분 나쁠까 봐 빙빙 돌렸다.
- 업무 메일은 간결하고 명확히 쓰는 게 중요함을 못 배웠다.

이런 문제가 있었습니다.

결국 남들은 대리 달고 한창 열심히 일할 때 저는 '이메일도 이상하게 쓰는 놈'으로 혼나며 기초부터 다시 배워야 했습니다. 그래도 '뿌잉뿌잉'을 간혹 일삼다가 업무량이 넘쳐나는 현 직장에 와서야 완전히 고칠 수 있었죠. 뭐든 처음부터 제대로 배우는 게 중요합니다.

여러분들은 이메일을 어떻게 쓰고 계신가요? 제 나름의 팁 몇 가지를 이야기해볼까 합니다. 공감이 가시는 것이 몇 개나 있으실지 궁금해지네요.

1. 첨부파일을 보낼 때는 가급적 PDF를 같이

요즘은 모바일에서 바로 업무 메일을 확인하는 게 일상화된 시대입니다. 모바일에서 xlsx 파일이나 pptx를 클릭하면 모바일 MS 오피스나 구글 닥스, 폴라리스 오피스

등을 통해 보게 될 텐데요. 메일 내용만 확인하려는 사람에게는 군이 무거운 프로그램을 띄울 필요가 없죠. 그래서 센스 있는 발송자는 pdf파일을 같이 보냅니다. 읽는 사람을 위한 배려입니다. 특히 임원에게 보낼 때는 기본예절이라고 할 수 있습니다. (다 혼나면서 배운 노하우입니다. 크흑…!) 이 습관을 잘 들이면 칭찬받는 직원이 될 수 있습니다.

2. 애플 맥Mac 쓰는 분들은 차라리 첨부 파일명을 영어로

저도 맥을 애용했었지만, 제가 내공이 부족했던지 끝까지 해결하지 못한 문제가 이건데요. 한글로 된 파일명이 종종 풀어져서 배달됩니다. '대한민국. xlsx'가 'ㄷㅐㅎㅏㄴㅁㅣㄴㄱㅜㄱ.xlsx'처럼 되는 거죠. 하도 자주 있는 일이라 보는 사람들이 알아서 이해하는 경우도 많습니다. 하지만 완전히 해결할 수 없다면 차라리 영어 파일명으로 보내는 게 프로페셔널해 보이고 좋습니다.

3. 첨부파일은 순서도 신경 써서 첨부

첨부파일을 여러 개를 보낼 때는 파일명 앞에 '1'이나 '1_'와 같이 표시를 해주면 좋습니다. 그리고 아웃룩에서

는 파일을 첨부하는 순서도 중요합니다. 받는 사람에게 그 순서대로 보이거든요. 기왕 보내는 메일, 깔끔하게 보이는 게 좋겠죠. 더불어 상대방이 꼭 봤으면 하는 파일을 1번으로 두면 센스 만점입니다.

4. 자동회신을 잘 활용할 것

아웃룩 등의 메일 클라이언드들은 대부분 득정 기산 동안 수신되는 메일에 대해 자동회신 기능을 제공하고 있습니다. 휴가 중일 때 많이 쓰게 되는데요. 조직 내부에서 보낼 때와 외부에서 보낼 때를 구분하여 기재도 가능하니 자리를 비울 때는 꼭 사용하도록 합시다. 휴가 갔을 때 상대방의 급한 전화를 받지 않게 해주는 아주 소중한 기능입니다.

5. 수신인은 꼭 메일을 다 쓰고 붙일 것

메일은, '제목 – 본문 – 첨부파일 – 수신인 지정 – 발송'의 순서를 지키도록 하세요. 보통 받는 사람을 기재하고 메일을 쓰는 사람들이 많지만 마우스나 키보드를 잘못 눌러 바로 발송되는 경우가 많습니다. (아웃룩 기준 단축키는 alt+s입니다. 꽤나 많이 잘못 누르게 됩니다.)

오발송으로 인한 에피소드는 회사생활 중 무수히 많이 보았습니다. 단순한 해프닝도 있었지만 어마무시한 사태가 벌어지기도 했죠. 이메일 발송은 신중, 또 신중하게 해야 합니다.

6. 지연 발송 기능을 활용

대부분의 이메일 클라이언트들은 지연 발송을 지원합니다. 발송 버튼을 누르더라도 사용자가 설정한 일정 시간 동안 발송하지 않고 기다리는 기능입니다. 그동안은 '보낼 편지함'에 들어가 있습니다. 이메일이라는 놈이 요물이라, 꼭 내용을 다 쓰고 나면 추가할 것이 생각이 나기도 하고 이걸 보내는 게 맞나 하는 후회가 밀려오기도 합니다. 지연 발송을 걸어두면 큰 도움이 됩니다.

7. 말머리는 필수

사실 이건 팁이라고 할 것도 없을 정도로 자리 잡은 이메일 예절이죠. 메일의 목적을 최소한의 글자로 함축하여 말머리로 메일 제목에 달아줍니다. [요청], [전달], [보고], [공유] 등입니다. 하루에 수백 통의 메일이 오고 가는 상황에서는 말머리는 상대방에게 업무 우선순위를 구분할 수 있게 해주는 '고마운 배려'입니다. 아웃룩에 메일 중요도(붉은색 느낌표의) 기능이 있긴 합니다만 이쪽이 더 직관적입니다. 말머리를 잘 쓰는 사람은 프로의 느낌이 들곤 하죠.

8. To, CC, BCC를 잘 활용

- To(수신) : 이건 님이 좀 하셔야 하는 거예요
- CC(참조) : 쟤가 이거 할 건데 님도 좀 아셔야 할 듯 (너님도 본 거임)
- BCC(숨은참조) : 쟤가 이거 할 건데 님은 아셔야 하는데 쟤는 모르게 아는 게 좋겠…

사실 수신인 지정을 잘 못하는 사람은 거의 없습니다. 그럼에도 이 항목에서 발생하는 오류의 본질은, 업무를 잘 이해하고 있느냐입니다. 어떻게 아냐고요? 제가 깨지면서 배웠거든요. 본인이 지금 수신인 지정에 어려움을 느끼고 있다면, 하고 있는 일을 완벽히 이해하지 못했다고 보면 됩니다. 가끔 보이는 'To 다중화'나 CC로 넣어두고서 본문 중에 업무 지정을 하는 등의 사례가 그런 케이스입니다. 본의 아니게 업무 배정 지시(?)의 효과도 있어 민감한 포인트이니 신경 써야 합니다.

9. 나만의 암호로 프로젝트를 구분

이건 좀 고난도의 팁인데요. 저도 귀찮아서 잘 쓰는 방법은 아닙니다만 확실히 유용합니다. 인스타그램 태그처럼 메일 제목 또는 본문에 주제별로 나만의 코드를 달아두는 방법입니다. 코드는 되도록 흰색을 입혀서 다른 사람에게 보이지 않게 합니다. 업무 진행은 보통 스레드(Re:re:re:… 뭔지 아시죠?)로 나타나지만, 특정 주제에 대해 메일 제목이 계속 바뀌는 경우가 있습니다. 이런 경우 주제어나 수신인으로 탐색하는데 일정량 이상의 메일이 쌓이게 되면 한계가 오죠. 첫 메일이나 이어지는 메일 스레드의 글을 적을 때, 본문 한 구석에 자신만의 표시를 해두는 겁니다. 예를 들면 AA 프로젝트와 관련된 메일은 모두 본문 마지막 한 구석에 [AAXXTT]라고 적은 뒤 글자색을 흰색으로 해두는 겁니다. 평소에 절대로 치지 않을 문자열을 사용하는 게 중요합니다.

10. 여러 번 생각하고 메일을 보낼 것

사무 노동자의 업무 상당수는 메일을 읽고, 메일을 보내는 데 집중됩니다. 업무의 알파이자 오메가라고 누군가 말하던데, 이는 결코 과언이 아닙니다. 상대방에게 메일로 전달하는 내용은 단순한 정보공유부터 상대의 행동 요청까지 매우 다양합니다. 그러니 메일을 보내기 전, 아래 질문들을 깊이 생각해보시기 바랍니다.

- 꼭 이메일로 보내야 할 내용인가? 전화나 메신저로 가능하지 않을까?
- 어차피 하게 될 업무인데 중복 업무가 되는 건 아닌가?
- 수신인, 참조인 모두에게 떳떳하게 보낼 수 있는 내용인가? (특히 중요)

재택근무가

가져온 것들

팬데믹이라니.

제가 살면서 이런 수준의 역병(?)을 겪을 줄은 몰랐습니다. 사스나 메르스도 상당했지만 코로나는 정말 엄청나네요. 길에서 보는 모두가 마스크를 쓰고 거리가 이렇게 한산해지다니 놀라울 따름입니다.

어쨌거나 코로나를 겪으면서 일상의 많은 것들이 달라졌습니다. 그중 하나가 바로 재택근무의 활성화입니다. 회사 임직원들이 집단 감염되면 큰일이니 대기업부터 앞다투어 재택근무가 시작되었죠.

이러저러해서 시작하게 된 재택근무는 제게는 매트릭스의 빨간약이었습니다. 이전에 경험해보지 못한 엄청난 업무 효율 상승을 경험했거든요. 코로나가 끝나더라도 재택근무는 회사생활에 큰 영향을 줄 것 같습니다. 더불어 회사의 민낯을 생각하게 해주었습니다. 제가 경험한 재백근무로 인한 변화를 소개합니다.

1. 출퇴근 시간

저는 서울 중심가의 회사까지 편도 50분 정도 소요됩니다. 일어나서 씻고, 준비해서 나가려면 늦어도 7시에는 일어나야 9시 전에 도착합니다. 그런데 재택근무를 하니까 아침에 2시간이 생겨버렸습니다.

파자마 차림으로 세수만 하고 노트북 앞에 앉으면 되니 이 시간 절약은 실로 어마어마합니다. 삶의 질이 달라졌다는 말이 과언이 아닙니다. 18시 이후 얻게 되는 1시간도 엄청나죠. 사실 18시 땡 하고 바로 퇴근하는 것도 아닌 우리들 직장인이니 이 차이는 더욱 크게 느껴집니다.

하루 2시간은 정말 굉장한 차이를 가져오죠. 2021년 총 공휴일 수는 113일입니다. 우리가 회사 나가야 하는 날이 252일입니다. (365-113=252) 2시간씩이면 올해만 504시간입니다. '자는 시간 없는 21일간의 휴가!'라고 하면 좀 더 체감이 되실까요?

재택근무의 효용은 다른 것 다 제외하고 여기서 결정 난다고 해도 과언이 아니지 싶습니다. 부동산 강의하는 분들이 매번 '직주근접'을 강조하는 건 다 이유가 있었습니다. 하루 2시간 세이브만으로도 저는 재택근무의 가치를 뼈저리게 느꼈습니다.

2. 복장의 해방

보수적인 금융권이기에 금요일만 자율복장이고 그 외에는 정장 또는 세미 정장을 입어야 했습니다. 정장에 브리프케이스 들고 스타벅스를 한 손에 든 채 멋지게 출근하는 회사원… 따위는 다 필요 없습니다. (저는 반바지에 슬리퍼가 가장 업무 효율이 좋았…)

불행히도 회사는 제 마음대로 할 수 없죠. 규정을 열심히 지키고 살았는데 재택근무를 하게 되니 복장 스트레스도 없어집니다. 화상회의가 잦은 것도 아니라서 상반신만 셔츠를 입고 있다든가 하지 않아도 됩니다. 남성보다 복장에 더 예민한 여성분들은 만족도가 더 크겠지요. 지식근로자일수록 복장은 생산성과 아무 상관이 없다, 라는 것을 크게 느낍니다. 더불어 내가 입는 옷은 누구를 위한 것인가 하는 생각도 많이 들었습니다.

3. 안 해도 될 커뮤니케이션의 해방

무언가 검색해보려고 포털사이트에 들어갔다가, 1면의 자극적인 뉴스 기사에 홀려서 클릭 → 다른 기사 클릭 → 이리저리 보다가 정신을 차려보니 '아, 내가 뭐 하려고 했지?'라고 자문한 경험. 다들 있지 않으세요?

아니면 독서실에 공부하러 가서 집중하려 할 때 옆자리 친구가 음료수 사줄 테니 나오라고 한 경험도 다들 있으실 겁니다. 사무실에 모여있으면 회의하기 편하고 업무 커뮤니케이션이 빠른 장점이 있지만, 별로 끼고 싶지 않은 업무 외적인 커뮤니케이션도 많이 할 수밖에 없습니다. 흡연자라면 더하죠. 동료들과 담배 타임 하려고 나가고, 엘리베이터 기다리고, 다시 들어오고 하는 시간들. 하루 중

꽤 될 겁니다. 출퇴근 500시간처럼 이 시간들을 연 단위로 생각해보면 작지 않죠.

이런 부분에서 재택근무는 오히려 생산성을 확 끌어올려 줍니다. 친구 없는 독서실, 가십 없는 포털사이트 느낌이랄까요. 집중하기 좋은 환경이 됩니다.

제 직장생활 경험상 이처럼 전례 없이 강력하게 재택근무 필요성이 대두된 적은 없었습니다. 그것도 전 세계적으로요. 코로나는 재택근무 문화 정착에 큰 전환점이 될 것 같습니다. '안 해본 사람은 있어도 한 번만 한 사람은 없는 재택근무'가 될 수도 있단 느낌입니다.

다만 재택근무가 우리 직장에 잘 들어오려면 거대한 벽 몇 가지를 넘어야 합니다. '재택근무라니 우리 회사는 안 될 거야…'라고 생각하시는 분들이 있다면 아마 아래 벽을 넘지 못해서일 것 같습니다.

1. 병력이 곧 권력

현대전은 철저히 무기 성능으로 좌우됩니다. 사병 10만 명보다 탄도미사일이나 전투기 수십 대가 훨씬 무섭죠. 따라서 병사를 운영할 돈으로 최신 무기를 사는 편이 더 좋습니다. 그러나 우리나라의 병력 규모는 좀처럼 줄지 않죠. 군대를 다녀온 분들은 다들 끄덕이실 이야기입니다. 본인 휘하의 병력 규모가 장군들의 힘이거든요. 전투기 1대보다 수천 명의 병사들이 도열해있는 게 (본인들이) 보기도 좋고 말이죠.

이는 회사라고 크게 나르지 않아 보입니다. 앞서 말한 생산성 향상 효과에도 불구하고, "관리자인 내가 출근했는데 감히 자리가 텅텅 비어있다고?!"라고 분노하실 관리자들이 꽤 많습니다. 실제로 윗분 입장에서는 직원들이 자리에 나와 있는 게 편하죠. 모르는 것, 시킬 것이 있을 때 바로바로 불러서 지시할 수 있으니까요. 사내 메신저를 치거나 전화하는 것보다 이게 수월하죠. 그리고 관리자는 재택근무를 하지 않는 회사도 많은 터라 직원들의 재택근무가 더 마음에 들지 않을 겁니다. 이게 첫 번째 벽입니다.

2. 정교한 성과관리 시스템의 부재

회사는 성과를 내러 오는 곳입니다. 유명 스타트업들이 자유로운 기업문화를 자랑하지만, 이면에는 철저한 성과에 대한 평가가 있죠. 넷플릭스 같은 곳이 유명합니다.

사람이 아니라 성과를 제대로 보기 시작하면 재택근무라고 농땡이를 피울 수가 없습니다. 문제는 웬만한 대기업들도 이걸 못하고 있다는 것이죠. 성과관리가 안 되니 출퇴근 시간이라든가 자리 이석 여부 등 근무 태도에 집착하게 됩니다. 집에서 파자마 차림으로 보고서 정리를 끝내는 직원과 정시 출근해서 포털 기사를 탐독하다 퇴근하는 직원. 어느 쪽이 회사에 더 도움이 될까요? 파자마 직원은 건물 관리비까지 절감해 주었네요! 하지만 정시 출근하는 직원을 더 성실하게 생각하는 회사가 엄청나게 많습니다.

성과관리가 제대로 되기 위해서는 인사/평가 시스템 전체가 바뀌어야 하는 터라 거대한 벽이 한 개가 아니라 여러 개라고 봐야죠. 어려운 일입니다.

3. 관리자의 역량 차이

2번과 패키지 항목입니다. 2번이 회사 시스템의 문제라면 3번은 사람의 문제라고 할 수 있습니다. 옆에 붙잡아두고 일을 시키는 것과 원격으로 업무를 지시하는 것은 많은 차이가 있습니다. 말과 손짓이 아니라 메신저/전화/

메일로 지시를 해야 합니다. 말은 대충 해도 됩니다만, 글자로 변환되는 순간 명확한 커뮤니케이션인지 아닌지 바로 차이가 생깁니다.

팀의 목표가 무엇인지, 개별적인 업무 현황이 어떻게 되고 있는지, 일정과 인력 투입 관리는 어떻게 되고 있는지를 숙지하고 지시해야 합니다. 이를 원격으로 하는 것도 관리자의 능력이 되는 것이죠. 새택근무 상황에서도 효율적으로 팀원들의 성과를 끌어내는 것은 많은 부분 관리자의 능력에 달렸습니다.

4. 개근상으로 대변되는 주입식 교육의 폐해

어릴 때 저는 개근상을 한 번도 놓치지 않았습니다. 정시에 학교를 안 가면 하늘이 무너지는 줄 알았습니다. 좀 과격하게 말하자면 학교 외에는 세상이 없는 줄 알았죠. 중학교, 고등학교도 개근상을 계속 받았던 걸 보면 시키는 대로 충실히 하는 학생이었던 것 같습니다.

사실 학교 좀 빼먹는다고 세상이 무너지지 않습니다. 날좋은 봄날이면 학교 안 가고 경치 좋은 벤치에서 책이나 보다가 집에 가는 여유를 좀 부렸다면 좋았을 텐데요. 저는 그러면 큰일 나는 줄 알았습니다. 늘 그렇게 배웠거든요. 12년이 넘도록.

지시받은 정해진 길만 가고 다른 옵션을 새롭게 검토하는 능력이 확연히 떨어져 버린 게 우리 모습 아닐까요? 저는 '공교육+군대'를 겪으며 그렇게 된 것 같습니다. 이는 고스란히 회사에서도 나타납니다. 회사에서 시킨 것, 윗사람이 시킨 것 외에는 정답으로 보지 않게 됩니다. 아무리 성과가 좋아도 근태가 나쁘면 안 좋게 보게 되는 데는 이런 경험이 영향을 미칩니다. 재택근무에 대한 독으로 작용합니다.

이러니 저러니 해도 재택근무는 코로나 이후에도 정착될 것으로 생각합니다. 직원 활용의 가성비를 따지는 게 기업의 본질이니까요. 제대로만 운영되면 사무실을 축소하여 고정비를 줄일 수 있고 개인별 업무성과가 드러나기에 생산성 측정도 쉽습니다. IT 기술도 하루가 다르게 발전하고 있는 만큼 빠르게 확산될 거라 생각합니다.

직원 개인의 입장에서 재택근무는 이 책에서 주장하는 바를 잘 구현시켜줄 좋은 방법입니다. 회사에 들이는 시간과 노력을 줄이는 데 이만한 게 없기 때문입니다. 출퇴근 시간, 대면보고 시간, 잡담시간… 절약할 수 있는 시간은 많습니다. 대부분의 직장인에게 재택근무는 좋은 기회입니다.

대신 재택근무를 하게 된 분이라면, 시간 관리에 특히 집중해야 합니다. 집에서 일하다 보니 늘어지고 나태해진다는 사람들도 많습니다. 없다가 생긴 시간을 잘 활용하려면 마음을 다잡아야 합니다. To-Do 리스트를 만들고 주간/월간 계획표를 통해 관리하세요. 회사일과 개인일 둘 다에서 말입니다. 저는 실제로 재택근무 때 회사 일과 제 개인적인 일 모두의 능률이 큰 폭으로 올랐습니다. 재택근무를 효과적으로 이용하시길 바랍니다.

여기까지 읽느라 고생 많으셨습니다. 워낙 잘 쓴 책이어서 술술 읽히셨을 거라 생각합니다(책 막판이니 이 정도는 봐주시길 ^^;;).

브런치는 40대 아재의 넋두리라는 목적이 있었습니다만, 이 책은 좀 다릅니다. 독자 분들이 회사생활과 자신의 삶을 구분하고, 스스로 설계해나가셨으면 했습니다. 유식해보이게 한자로 하자면 인생조망(人生眺望)이랄까요. 책을 통해 삶 전체를 조망할 기회를 가지시길 바랬습니다.

엄청 거창해 보이지만 별거 없습니다. 좀 더 와닿게 상황을 한 번 그려볼까요? 사무실에서 늘 보는 그 프로그램, 엑셀을 켜세요. 연도와 그해 자신의 나이를 쭉 적어갑니다. 2021년 30살, 2022년 31살 이런 식으로요. 그 밑에는 가족들 나이를 적습니다. 부모님이나 자녀 나이를 적어두면 느낌이 새롭습니다. 엑셀 자동완성을 쓰면 1분도 안 걸립니다. 2050년은 공상과학영화에서나 보던 숫자 같지만, 그때 우리 부모님이 벌써 이 나이이고 내가 벌써 이 나이라고 생각하면 완전히 다른 이야기가 되죠.

저나 여러분이나 엑셀 한 페이지를 벗어나기 힘듭니다. 여러분 나이가 70~80세 정도 되었을 때 가족들을 생각해보세요. 그리고 그때 여러분은 행복할지 생각해보세요. 혹은 임종 직전을 생각해 보셔도 좋겠습니다.

앞으로 어떻게 살지 고민하는 건 힘들지만, 역산해 나가는 것은 의외로 쉽습니다. 아마도 마지막 순간의 후회가 가장 진실된 순간일 테니까요. 그 후회를 없애는 방향으로 삶을 역산해갑니다. 그러면서 엑셀에 적어가는 거죠. '이 나이 때에 난 뭘 해야지, 이때는 뭐가 되어있으면 행복할 거야'라고요. 네, 꿈같은 이야기죠. 그 꿈을 적으라는 의미입니다.

사회생활을 하면 할수록 돈에 치이고 억눌리면서 회사에 저를 맞춰가고 있었습니다. 저도 무리하고 있었습니다. 제가 뭘 좋아하고 왜 사는지도 모른 채 살고 있었는데, 생각해보니 그건 목적지가 꿈에서 돈으로 바뀌어서 때문이더군요. 돈이 있으면 꿈도 실현할 것 같지만 없어도 충분히 가능합니다. 안 해서 문제죠.

무리하던 직장생활에서 잠시 벗어나, 삶 전체를 보시길 바랍니다. 저도 저만의 엑셀 파일이 있습니다. 브런치 글이며, 이 책이며 다른 것들 모두 그 엑셀에 적혀있습니다. 앞으로 할 것들도 적혀있습니다. (다음 책을 기대해주세요!) 저도 여러분의 다음 행보를 기대하겠습니다.

감사합니다!

✕

꿈을 계속 간직하고 있으면
반드시 실현할 때가 온다.

_괴테

더 이상 무리하지 않겠습니다

1판 1쇄 인쇄 2021년 10월 15일
1판 1쇄 발행 2021년 10월 22일

지은이 길진세

발행인 황민호
본부장 박정훈
책임편집 김순란
기획편집 강경양 한지은 김사라
마케팅 조안나 이유진 이나경
국제판권 이주은
제작 심상운

발행처 대원씨아이(주)
주소 서울특별시 용산구 한강대로15길 9-12
전화 (02)2071-2017
팩스 (02)749-2105
등록 제3-563호
등록일자 1992년 5월 11일

ISBN 979-11-362-8885-1 03190